Super Visual

すぐに使える
トラベル英会話

Language Research Associates 編

共著
Marcel Van Amelsvoort
前田道代

吹込
Marcel Van Amelsvoort
Kay Husky
勝田直樹

UNICOM Inc.

はじめに

　海外旅行に行って、ちょっとしたひとことでも、こちらの意志が通じるのと、そうでないのとでは、旅の楽しみが大いに違ってくる。

　例えば、挨拶のひとことでも「ハロー」と言って相手から笑顔が返ってくれば、こちらの心がなごみ、気分がウキウキする。できることなら、もっと話したいと思うのは人情だ。それをきっかけに、仲良くなることだってある。

　また、どうしても相手と話さなければならない時もある。例えば「トイレはどこ？」なんて。だから、最低限これだけは知っておかなければ、というコトバもある。

　さらに、現地でちょっと独自の行動をとろうとすると、情報を集めたり、交通機関を利用したり、買い物の交渉をしたりと、いろいろなコトバが必要になってくる。

　これらのコトバは、多種多様だけれど、整理してみると、さほど多いものではない。いくつかの基本的な文型と、その文の語彙や語句の入れ替えで、かなりの部分がカバーできる。

　本書はそのような視点にたって、海外旅行で必ず直面するであろう場面を想定し、その場で必要となる重要文型のみを集めた。そして、その文型は、日本語との対比によって、文の構造がわかり、他の表現にも応用できるように工夫してある。（スパー・ビジュアル）

　最初はカタコトでもいいから、自分の口から自分のコトバを英語で発信し、旅を大いに楽しんでくださることを願っております。

目　次

はじめに --- 3
目次 -- 4
「スーパー・ビジュアル」って、何？ --------------------------------- 7
本書の構成と学習法 -- 8

Part 1: これだけでも話せると楽しい！
　　　　　　　　　最重要ミニマム表現 58 ------------------------- 11
　　　◆とっさのひとこと（日常のあいさつ etc.）-------------------- 12
　　　◆基本の中の基本表現（自分のこと etc.）--------------------- 20

Part 2:【場面別】必須会話表現ドリル ------------------------- 35
　1　空港で　　　　　フライト予約 ----------------------------- 36
　2　　　　　　　　　席の予約 --------------------------------- 38
　3　　　　　　　　　フライト情報の入手 ----------------------- 40
　4　　　　　　　　　カウンターへ ----------------------------- 42
　5　　　　　　　　　チェックイン① --------------------------- 44
　6　　　　　　　　　チェックイン② --------------------------- 46
　7　　　　　　　　　チェックイン③ --------------------------- 48
　8　　　　　　　　　運行情報 --------------------------------- 50
　9　　　　　　　　　搭乗まで --------------------------------- 52
　10　　　　　　　　　セキュリティー --------------------------- 54
　11　機内で　　　　　座席につく① ----------------------------- 56
　12　　　　　　　　　座席につく② ----------------------------- 58
　13　　　　　　　　　座席につく③ ----------------------------- 60
　14　　　　　　　　　食事をとる ------------------------------- 62
　15　　　　　　　　　使い方を聞く ----------------------------- 64
　16　　　　　　　　　映画を観る ------------------------------- 66
　17　　　　　　　　　到着時間を尋ねる ------------------------- 68
　18　　　　　　　　　天候を尋ねる ----------------------------- 70
　19　入国審査　　　　入国目的 --------------------------------- 72
　20　　　　　　　　　乗り継ぎ --------------------------------- 74
　21　　　　　　　　　滞在予定 --------------------------------- 76

22		通関 -------- 78
23	荷物のトラブル	荷物の紛失 -------- 80
24		荷物の破損 -------- 82
25		荷物の状況 -------- 84
26		荷物の引き取り手続き -------- 86
27	両替	場所を探す -------- 88
28		依頼 -------- 90
29		レート -------- 92
30		お金の種類 -------- 94
31	バスで	情報入手 -------- 96
32		乗り場を探す -------- 98
33		運行回数と所要時間 -------- 100
34		行き先を確認する -------- 102
35		切符を買う -------- 104
36		バスを降りる -------- 106
37	タクシーで	タクシー・送迎バスを探す -------- 108
38		乗る -------- 110
39		降りる -------- 112
40	電車で	切符を買う -------- 114
41	宿泊	ホテルを探す① -------- 116
42		ホテルを探す② -------- 118
43		ホテルを探す③ -------- 120
44		部屋の希望 -------- 122
45		部屋の料金 -------- 124
46		料金の確認 -------- 126
47	ホテルで	チェックイン -------- 128
48		入室にあたって -------- 130
49		部屋で -------- 132
50		支払い方法 -------- 134
51		部屋の苦情を伝える -------- 136
52		請求書の苦情を伝える -------- 138
53	観光	所在を聞く -------- 140
54		行き方を尋ねる -------- 142
55		情報を入手する -------- 144
56		ツアー料金について -------- 146

57		ツアーについて	148
58		ツアー情報について	150
59		ツアーに申し込む	152
60		場所を尋ねる	154
61		料金を尋ねる	156
62		許可を求める	158
63		観光施設の開閉時間	160
64		日本語の情報を集める	162
65		観劇を希望する	164
66		切符を入手する	166
67		開演時間を尋ねる	168
68	**食事**	割引券を使う	170
69		レストランを探す	172
70		予約をする	174
71		注文する	176
72		サイズや味の注文をする	178
73		おすすめ品を聞く	180
74		こまかい要求を伝える	182
75		食事が終わって	184
76	**買い物**	値段を聞く	186
77		品物について聞く	188
78		店員に聞く	190
79		商品を探す	192
80	**病気**	症状を伝える	194
81		薬や診察を求める	196
82	**トラブル**	紛失	198
83		盗難に遭う	200
84		届けを出す	202
85	**話題**	経験の有無を尋ねる	204
86		さらに質問を続ける	206
87		相手の感想を聞く	208
88		別れ際に	210
89		相手を誘う	212
90		連絡先を伝える	214
国名・国籍・貨幣単位			216
Index			220

「スーパー・ビジュアル」って、何？

　この本の姉妹編である『すぐに使える外国語会話』シリーズに、トンパ文字を使って、スーパー・ビジュアルが説明されています。大変わかりやすいので、引用しますと、

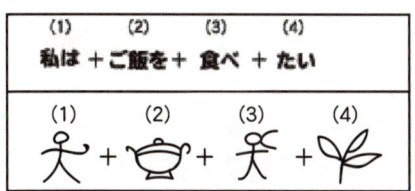

という具合に、構文を日本語と外国語を視覚的に対比してみることによって、面倒な文法の説明などを抜きにしても、なんとなく相手のコトバの構造がわかってしまう、というのがスーパー・ビジュアル法なのです。

　例えば、本書では、場所を探す時の表現として、次のように説明してあります。

私はどこでできますか？	見つける	JALのチェックインカウンターを
		団体用チェックインカウンターを
	買う	保険を
		持っていくおみやげを

Where can I	find	the check-in counter for JAL?
		the group check-in counter?
	buy	some insurance?
		some gifts to take with me?

　場所を探すときは、まず「Where can I」と言っておいて、次にそこで自分が何をするのか、「探す」のであれば find 〜とか「買い物をする」のであれば buy 〜とか、「手に入れる」のであれば get 〜とかをつなげていけば、英文ができあがるわけです。こうして語句の差し替えをす

ることによって、表現力はグーンと広がります。次に重要なのは、差し替え用の語句をたくさん覚えることです。

ここでは、海外旅行に必要な語句をトピック別に集めてありますので、大変便利です。これから海外に行かれる方は、その場の状況を頭に描きながら、声に出して覚えるといいでしょう。

本書の構成と学習法

Part 1: これだけでも話せると楽しい！ 最重要ミニマム表現 58

最低限のコトバを知っていると知らないとでは、旅の楽しみも、大いに違ってきます。以前にＴＶでお笑い芸人さんが、入国審査で入国目的を聞かれて「斉藤寝具」と言ったら通じたとか、通じなかったとか。＜sightseeing（笑）＞

そこで Part 1 では、次の Part 2 のためのウォーミング・アップと、時間切れでとりあえずこれだけは、という方のための最重要ミニマム表現集となっています。

前半は、挨拶などの決まり文句ですから、暗記してください。これらは文字通りとっさの時のひとことですから、すぐに口をついて言えるようにしましょう。

後半は、基本中の基本ともいえる２７の文型パターンの練習です。これだけでも自由に使えれば、最低の用はたせるはずです。

全部で５８の最重要表現ですから、ぜひ現地で使えるように覚えて行ってください。

Part 2:【場面別】必須会話表現ドリル

　今や英語は、空港やホテルなど外国人の多いところでは、世界の共通語となっているのが現状です。したがって、旅行会話となると英語が話せれば、世界中どこへでも不自由なく行ける時代になっています。この点で英語は他のコトバと比べて格段の優位性があります。

　Part 2では、空港やホテルなどの場面で必要となる**基本文例**を中心に学習します。そして文例の構造を、日本語との対比で学習し、その文例を応用して使えるように工夫してあります。（スーパー・ビジュアル）

　次に旅行の場面において重要になってくるのが、**語句**の問題です。例えば、切符を買うのに「往復」とは何て言うの？　という具合に。そこで、各項目とも10アイテムずつ、合計で900アイテムの語句を収録してあります。

　最後に**会話コーナー**では、今まで習った文例が実際の会話の中で、どのように使われるかを、ナチュラル・スピードで聞いて会話の練習ができるようになっております。

　本書で徹底的に旅行会話を身につければ、かなりの基本的な英語はできるようになるはずです。そして、それを実戦して、コトバが通じた時の喜びは他に例えようがありません。どうか、最後まで頑張ってぜひやってみてください。
（海外旅行では、語句を容易に探すことができるよう、巻末にインデックスを用意してあります。）

●CD（1枚）63分37秒
【録音内容】
Part 1：❶タイトル文（和 - 英）
Part 2：❶タイトル文（和 - 英）
　　　　❷文型パターン（英）
　　　　❸会話コーナー（英）

Part 1

これだけでも話せると楽しい！
最重要ミニマム表現 58

1 日常のあいさつ

こんにちは。

Hello!
ハロー

時間に関係なく使えるので、便利だ。ややくだけた表現。

おはようございます。

Good morning.
グッド モーニング

早朝から午前中いっぱいに使う。

おやすみなさい。

Good night.
グッド ナイト

夜分の「さよなら」「おやすみなさい」

ご機嫌いかがですか。

How are you?
ハウ アー ユー

おかげさまで、元気です。

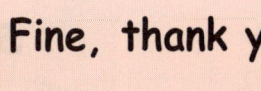
Fine, thank you.

ファイン サンキュ

How are you? と声をかけられた返答の決まり文句。

2 初対面

初めまして。

How do you do?

ハウ ドュユー **ドゥー**

初対面の時の決まり文句。

おめにかかれてうれしいです。

Nice to meet you.

ナイス トゥ **ミー** チュー

How do you do? に対する返答の決まり文句。

3 別れ際に

よい一日を！

Have a nice day!

ハヴァ **ナイス** デー

朝の「いってらっしゃ〜い」って感じ。

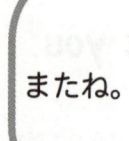

またね。	**See you.** シー ユー 「また、後でね」なら、See you later.
さよなら。	**Good-bye.** グッド バイ See you. よりは、堅い表現。

4 感謝

ありがとう。	**Thank you.** サンキュ 「本当に、ありがとう」は、Thank you very much. とか Thanks a lot.
いえ、結構です。	**No, thank you.** ノゥ サンキュ 「いりません、でもありがとう」といった感謝の念を含む。

5 イエス／ノー

そうです。 → **Yes.**
イェース
「はい」とか「そのとおり」とか肯定の表現。

いいえ。 → **No.**
ノゥ
「いえ、違います」と否定の表現。

6 失念・残念・心配

すみません。 → **Excuse me.**
エクス**キューズ** ミー
「謝る」意味はなく、「ちょっと失礼」といった感じの表現。

お気の毒に。／ごめんなさい。 → **I'm sorry.**
アイム ソーリー
こちらに罪の意識があったり、哀悼の念を含む表現。

15

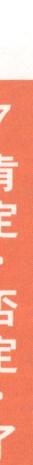

そうだと
いいですね。

I hope so.

アイ　ホープ　ソー

so は日本語の「そう」に似た意味。

どうしました？

What's wrong?

ホワッツ　ロング

「何が悪いの？」が直訳。

7 肯定・否定・了解

ええ、
知ってます。

Yes, I know.

イエス　アイ　ノウ

知りません。

I don't know.

アイ　ドント　ノウ

I have no idea. でも同じ。

わかりました。	**I see.** アイ シー 「了解しました」という感じ。相づちなどに言う。
大丈夫です。	**That's OK.** ザッツ オウケイ 「問題はありません」が直訳。 No problem. も同じ。
すごいね！	**Sounds great!** サウンズ グレイト 賛同の表現。
私も同じよ。	**Me, too.** ミー トゥー

8 聞き返す

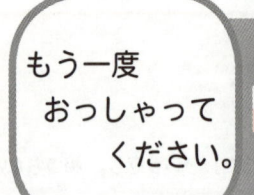

もう一度おっしゃってください。

Pardon?
パードン

末尾を上げて言うのが、ポイント。

もし、もし。

Hello.
ヘロウー

電話の表現。

9 お願い

どうぞ、お願いします。

Please.
プリーズ

Coffee, please.「コーヒーください」など、物や動作を頼む時の必須表現。

10 多少

少し。

A little.
ア リトル

a little bit「ちょっとね」

たくさん。

A lot
ア ロット

数えられるものに many を、水など数えられないものには much を使う。

もう一度。

Again.
アゲイン

try again「もう一度やってみて」のように使う。

11 祝杯

乾杯！

Cheers!
チアーズ

12 自分のこと

私は日本人です。	**I'm a Japanese.** アイム ア ジャパニーズ

私は日本から来ました。	**I'm from Japan.** アイム フラム ジャパン

私の名前は佐藤です。	**My name is Sato.** マイ ネイム イズ サトー

私は観光で来ました。	**I'm here for sightseeing.** アイム ヒア フォー サイトシーング

● 国籍・仕事などを言う

I'm	a Japanese.	(私は日本人です)
	an engineer.	(私はエンジニアです)
	an office worker.	(私は事務所で働いてます)

● 自分の出身地を言う

I'm from	Japan.	(私は日本から来ました)
	Tokyo.	(私は東京から来ました)
	Kansai.	(私は関西から来ました)

● 自分の名前を言う

My name is	Sato.	(私の名前は佐藤です)
	Tanaka.	(私の名前は田中です)
	Setsuko.	(私の名前は節子です)

● 旅行目的を言う

I'm here	for sightseeing.	(私は観光で来ました)
	with a tour.	(私はツアーで来ました)
	on business.	(私は仕事で来ました)

13 買物

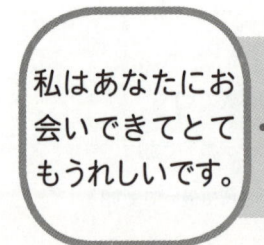

| 私はあなたにお会いできてとてもうれしいです。 | I'm very happy to see you.
アイム ベリー ハッピー トゥ シー ユー |

| コーヒーはありますか。 | Do you have coffee?
ドゥ ユー ハブ コーヒー |

| これはいくらですか。 | How much is this?
ハウ マッチ イズ ジス |

| 高すぎますね。 | It's too expensive.
イッ トゥー エクスペンシブ |

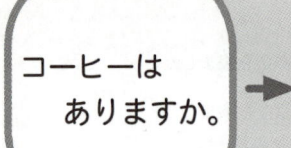

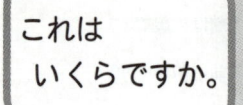

● うれしい気持ちを伝える

I'm very	happy to see you.	(私はとてもうれしいです)
	pleased to be with you.	(ご一緒できて大変うれしいです)
	glad to hear from you.	(お便りをいただいて大変うれしいです)

● 希望の品の有無を尋ねる

Do you have	coffee?	(コーヒーありますか)
	a room tonight?	(今晩部屋はありますか)
	a city map?	(市内地図はありますか)

● 値段を聞く

How much is	this?	(これはいくらですか)
	that?	(あれはいくらですか)
	the taxi fare?	(タクシー料金はいくらですか)

● 値段の表現

It's	too expensive.	(高すぎます)
	reasonable.	(手ごろな値段ですね)
	cheap.	(安いですね)

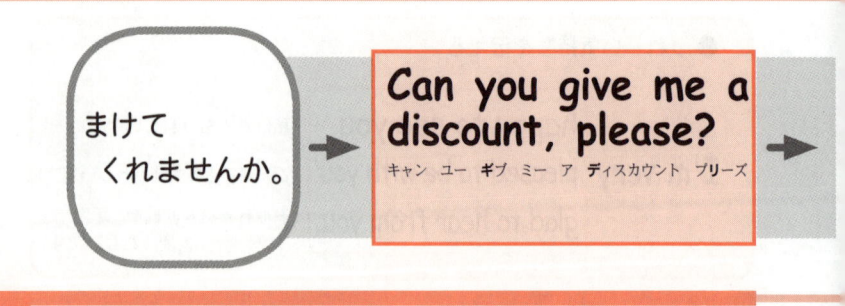

14 場所・許可

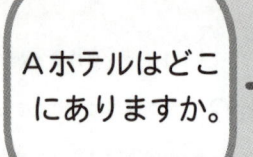

まけてくれませんか。	**Can you give me a discount, please?** キャン ユー ギブ ミー ア ディスカウント プリーズ
Aホテルはどこにありますか。	**Where is the A Hotel?** ホエア イズ ジ エー ホテル
写真を撮ってもいいですか。	**Can I take a picture?** キャンナイ テイク ア ピクチャー

15 外国語を話す

日本語を話せますか。	**Can you speak Japanese?** キャン ユー スピーク ジャッパニーズ

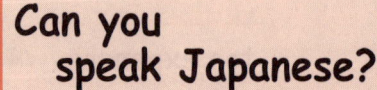

● 値段をまけてくれるよう言う

Can you give me
- a discount, please? (まけてくれませんか)
- a 50% discount? (半値にまけてくれませんか)
- a lower price, please? (安くしてくれませんか)

● 場所を聞く

Where is
- the A Hotel? (Aホテルはどこにありますか)
- the Japanese restaurant? (日本料理店はどこにありますか)
- the rest room? (お手洗いはどこにありますか)

● 可能かどうかを尋ねる

Can I
- take a picture? (写真を撮ってもいいですか)
- smoke here? (ここでたばこを吸ってもいいですか)
- drink here? (ここでお酒を飲んでもいいですか)

● 外国語が話せるかどうか聞く

Can you
- speak Japanese? (日本語を話せますか)
- speak English? (英語を話せますか)
- speak Chinese? (中国語を話せますか)

16 好き・きらい

| 私は英語を話すことができません。 | **I can't speak English.**
アイ キャーント スピーク イングリッシュ |

| 私はドイツ語が少し話せます。 | **I can speak German a little.**
アイ キャン スピーク ジャーマン ア リトゥ |

| 私はスポーツがだいすきです。 | **I like sports very much.**
アイ ライク スポーツ ベリー マッチ |

| 私はお酒はきらいです。 | **I don't like alcohol.**
アイ ドント ライク アルコホール |

● 外国語ができないことを告げる

I can't speak
- English. （私は英語を話すことができません）
- Italian. （私はイタリア語を話すことができません）
- French. （私はフランス語を話すことができません）

● 外国語が少し話せることを告げる

I can speak
- German a little. （私はドイツ語を少し話すことができます）
- Spanish a little. （私はスペイン語を少し話すことができます）
- Russian a little. （私はロシア語を少し話すことができます）

● すきなものを伝える

I like
- sports very much. （私はスポーツがだいすきです）
- watching movies. （私は映画を見るのがすきです）
- traveling. （私は旅行するのがすきです）

● きらいなものを伝える

I don't like
- alcohol. （私はお酒はきらいです）
- beef. （私は牛肉はきらいです）
- hot weather. （私は暑い(天気)のはきらいです）

17 話題を広げる

私は美術館に行きたいです。
→ **I'd like to go to the museum.**
アイドゥ ライク トゥ ゴー トゥ ザ ミュージーアム

私は現代美術に興味があります。
→ **I'm interested in modern art.**
アイム インテレステッド イン モダン アート

日本のことについて何か知ってますか。
→ **Do you know something about Japan?**
ドゥ ユー ノウ サムシング アバウト ジャパン

18 様子

それはいいですね。
→ **It's very good.**
イッツ ベリー グッド

● 希望を伝える

I'd like
- to go to the museum. （私は美術館に行きたい）
- to have lunch. （私は昼食を食べたい）
- to go shopping. （私は買い物に行きたい）

● 興味の有無を伝える

I'm interested in
- modern art. （私は現代美術に興味があります）
- the old church. （私は昔の教会に興味があります）
- nature. （私は自然に興味があります）

● 日本のことについて尋ねてみる

Do you know
- something about Japan? （日本のことについて何か知ってますか）
- kabuki? （歌舞伎を知ってますか）
- sumo wresling? （相撲を知ってますか）

● 様子がいいとほめる

It's
- very good. （とてもいいですね）
- very nice. （非常にいいですね）
- interesting. （おもしろいですね）

● 様子がきれいだとほめる

It's | beautiful. (美しいですね)
| lovely. (きれいですね)
| cute. (かわいいですね)

● 天気の表現

It's | nice today. (今日はいい天気です)
| rainy today. (今日は雨です)
| cloudy today. (今日は曇りです)

● 何なのかを聞く

What's | this? (これは何ですか)
| that? (あれは何ですか)
| the news? (ニュースは何ですか)

● 日時を聞く

What | time is it? (何時ですか)
| is the date today? (今日は何日ですか)
| day of the week is it today? (今日は何曜日ですか)

20 トラブル

これはどういう意味ですか。 → **What does this mean?**
ホワット ダズ ジス ミーン

頭が痛いです。 → **I have a headache.**
アイ ハブ ア ヘッデイク

パスポートをなくしました。 → **I've lost my passport.**
アイブ ロスト マイ パスポート

● 意味を聞く

What does this mean? （これはどういう意味ですか）
this picture mean? （この絵はどういう意味ですか）
that sign mean? （この印はどういう意味ですか）

● 症状を言う

I have a headache. （頭が痛いです）
a stomachache. （おなかが痛いです）
a fever. （熱があります）

● なくしたことを伝える

I've lost my passport. （パスポートをなくしました）
my camera. （カメラをなくしました）
my VISA Card. （ビザカードをなくしました）

Part2

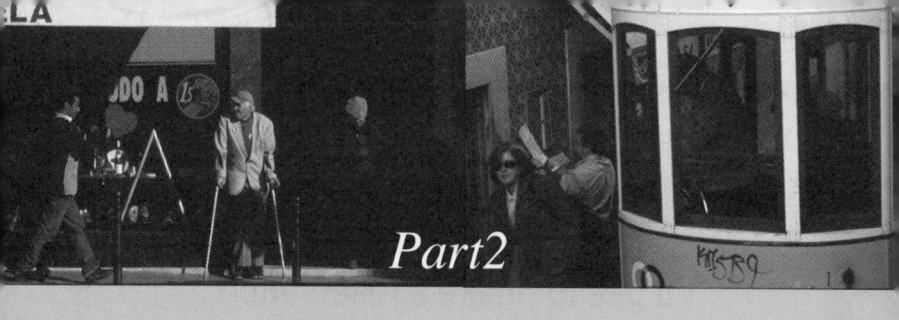

【場面別】
必須会話表現ドリル

来週日曜日のニューヨーク便の予約をお願いします。

I'd like to make a reservation
アイドゥ ライク トゥ　メイカ　　　レザベイション
私は〜したい　　　　　予約をする

on a flight to New York next Sunday.
オンナ　フライト　トゥ ニュー ヨウク　ネクスト サンデイ
便の　　　　　　ニューヨーク行き　　次の日曜日の

●予約の依頼・変更の表現

　この表現は「〜をお願いします（〜したいのですが）」と相手に依頼をする表現です。次ページの【語句】を該当する文型に、入れ替え練習をして、応用力を広げてください。

私は〜したい	予約をする	来週の日曜日のニューヨーク便の
		早朝便の
	予約を変更する	もっと遅い便に
		明後日の便に

I'd like to アイドゥ ライク トゥ	make a reservation メイカ レザベイション	on a flight to New York next Sunday. オンナ フライト トゥ ニューヨウク ネクストサンデイ
		for an early morning flight. フォア アン アーリー モーニン フライト
	change my reservation チェインジ マイ レザベイション	to a later flight. トゥ ア レイター フライ
		to a flight the day after tomorrow. トゥ ア フライト ザ デイ アフタ トゥモロウ

［航空券予約］に関連する語句

片道	one-way ワン ウェイ	機内泊便	overnight flight オーバーナイト フライト
往復	round trip ラウンド トリップ	明日	tomorrow トゥモロウ
より早い便	earlier flight アーリアー フライト	明後日	the day after tomorrow ザ デイ アフタ トゥモロウ
早朝便	early morning flight アーリー モーニング フライト	3日以内	in three days イン スリー デイズ
夜間便	late flight レイト フライト	来月	next month ネクスト マンス

会話コーナー

A: 来週日曜のニューヨーク便の予約をお願いします。

A: I'd like to make a reservation on a flight to New York next Sunday.
アイドゥ ライク トゥ メイ カ レザベイション オンナ フライト トゥ ニューヨウク ネクスト サンデイ

B: 航空券はありますか？

B: Do you have a ticket?
ドゥ ユー ハヴア ティケット

A: はい。これです。

A: Yes. Here you are.
イェス ヒア ユー アー

B: ありがとうございます。

B: Thank you.
サンキュ

空港で ❷席の予約

その便の席をとれますか？

Can I get a seat on that flight?
キャンナイ　ゲット　ア　シート　オン　ザット　フライト
私は～できますか　入手する　席を　　　　そのフライトの

●座席などを聞く表現

この表現は「～できますか？」となにかが可能かどうかを問いつつ、同時に、「可能ならば、～してほしい」と依頼をする表現です。

私は～できますか	入手する	その便の席を
		ビジネスクラスの席を
	到着する	その便で昼前にサンフランシスコに
		接続便に間に合うようにニューヨークに

Can I キャンナイ	get ゲット	a seat on that flight? ア　シート　オン　ザット　フライト
		a business-class seat? ア　ビジネス　クラス　シート
	get to ゲットゥ	San Francisco before noon with that flight? サンフランシスコ　ビフォア　ヌーン　ウィズ　ザット　フライト
		New York in time for my connecting flight? ニューヨーク　イン　タイム　フォア　マイ　コネクティング　フライト

［席の予約］に関連する語句

空き	space スペイス	今日	today トゥ**デイ**
隣同士の二席	two seats side by side トゥー シーツ **サイド** バイ **サイド**	昼前	before noon ビ**フォ**ア ヌーン
ファーストクラスの席	first-class seat **ファ**ーストクラス シート	キャンセル待ち	standby ス**タ**ンバイ
間に合う	in time イン **タ**イム	予約過剰状態	overbooked オーバ**ブ**ックト
接続	connection コ**ネ**クション	予約可能な便	available flight ア**ベ**イラブル フライト

会話コーナー

A: その便の席をとれますか？

A: Can I get a seat on that flight?
キャンナイ ゲット ア シート オン **ザ**ット フライト

B: 申し訳ございませんが満席でございます。次の便は4時となっております。

B: I'm sorry but it's full. The next available flight is at 4:00.
アイム **ソ**ーリ バット イッツ フル ザ ネクスト ア**ベ**イラブル フライト イズ アット **フォ**ー。

A: その便で、接続便に間に合うようにニューヨークに着けますか？

A: Can I get to New York in time for my connecting flight with that flight?
キャンナイ ゲット トゥ ニュー**ヨ**ウク イン**タ**イム フォア マイ コ**ネ**クティング フ**ラ**イト **ウィ**ズ **ザ**ット フ**ラ**イト

フライトナンバーは何番ですか？

What's the flight number?
ホワッツ　　　　ザ　　フライト　　ナンバ
何ですか　　　　フライトナンバーは

●搭乗場所・時刻を聞く表現

この表現は「～は何ですか」と必要な情報をもらいたい時に使う表現です。

何ですか		フライトナンバーは
		ゲートナンバーは
何時	ですか	搭乗時刻は
		出発時刻は

What's ホワッツ		the flight number? ザ　フライト　ナンバ
		the gate number? ザ　ゲイト　ナンバ
When ホウェン	is イズ	the boarding time? ザ　ボーディング　タイム
		the departure time? ザ　ディパーチャ　タイム

［フライト情報］に関連する語句

航空会社	airline エアライン	３０分	half an hour ハーフ アン アウア
運送会社 (鉄道・航空など)	carrier キャリアー	１時間	an hour アン アウア
ターミナル	terminal ターミナル	２〜３時間	a couple of hours ア カプル オブ アウアズ
中央ホール (コンコース)	concourse コンコース	十分	enough イナフ
搭乗ゲート	boarding gate ボーディング ゲイト	通過する (終える)	get through ゲッ スルー

会話コーナー

A: フライトナンバーは何番ですか？
B: BA12です。３時半に離陸いたしますが、空港まで１時間はかかりますし、それからチェックインに30分かかり、その後、ボーディングパスをもらって出入国審査を通過しなければなりません。
A: では、１時半ごろに出なければなりませんね。

A: What's the flight number?
B: BA 12. The flight leaves at 3:30 but you'll need an hour to get to the airport and then half an hour to check in, get your boarding pass and get through immigration.
A: So I should leave at about 1:30?

JALのチェックインカウンターはどこですか？

Where can I find
ホエア　　　　キャンナイ　　　ファインド
私はどこでできますか　　　　　見つける

the check-in counter for JAL?
ザ　チェックイン　　　カウンタ　　　フォア　ジャル
チェックインカウンターを　　　　　　ジャルの

● **場所を聞く表現**

この表現は「どこで～できますか」と場所を尋ねる時に使う表現です。

私はどこでできますか	見つける	JALのチェックインカウンターを
		団体用チェックインカウンターを
	買う	保険を
		持っていくおみやげを

Where can I ホエア　キャンナイ	find ファインド	the check-in counter for JAL? ザ　チェックイン　カウンタ　フォア　ジャル
		the group check-in counter? ザ　グループ　チェックイン　カウンタ
	buy バイ	some insurance? サム　インシュアランス
		some gifts to take with me? サム　ギフツ　トゥ　テイク　ウィズ　ミー

[搭乗]に関連する語句

エコノミークラス	economy class エコノミー クラス	出発	departure ディパーチャ
ビジネスクラス	business class ビジネス クラス	階	floor / level フロア レベル
国際線	international インタナショナル	モニター	monitor モニター
国内線	domestic ドゥメスティック	おみやげ品	souvenir スーベニア
到着	arrival アライバル	絵はがき	postcard ポウストカード

会話コーナー

A: JALのチェックインカウンターはどこですか？

B: 2階上の出発用フロアです。

A: それから、雑誌はどこで買えますか？

B: ああ、出発用フロアにはお店がたくさんありますよ。

A: Where can I find the check-in counter for JAL?
ホエア キャンナイ ファインド ザ チェックイン カウンタ フォア ジャル

B: It's on the departures level, two floors up.
イッツ オン ザ ディパーチャズ レベル トゥー フロアーズ アップ

A: And where can I buy some magazines?
アンド ホエア キャンナイ バイ サム マガジンズ

B: Oh, there are lots of shops on the departures level.
オウ ゼアラ ロッツ オブ ショップス オン ザ ディパーチャズ レベル

預ける荷物はひとつです。

I have one piece of baggage to check (in).
アイ ハブ　ワン　ピース　オブ　バゲッジ　トゥ　チェック
私は〜持ってる　ひとつの荷物を　　　　　　　　預けるための

●所持を伝える表現

この表現は「私は〜を持っています」と、自分が持っているものについて伝える時に使う表現です。

私は	持っている	預けるためのひとつの荷物を
		全部で3個のバッグを
		私のラップトップコンピュータだけを
		預ける荷物はない

I	have	one piece of baggage to check (in).
アイ	ハブ	ワンピース　オブ　バゲッジ　トゥ　チェック
		three bags all together.
		スリー　バッグズ　オール　トゥゲザー
		just my laptop computer.
		ジャスト マイ　ラップトップ　コンピュータ
		no baggage to check (in).
		ノー　バゲッジ　トゥ　チェック

空港で ❺ チェックイン①

［セキュリティー検査］に関連する語句

機内持ち込み荷物	carry-on bag キャリーオン　バッグ	預ける	check (in) チェック
手荷物検査	baggage inspection バゲッジ　インスペクション	セキュリティー検査	check by hand チェック　バイ　ハンド
ラップトップ （コンピュータ）	laptop (computer) ラップトップ（コンピュータ）	持ち主不明の荷物	unaccompanied baggage アンアカンパニード　バゲッジ
ブリーフケース	briefcase ブリーフケース	X線検査	x-ray エクスレイ
ハンドバッグ	handbag ハンドバッグ	リュック	backpack バックパック

会話コーナー

A: 本日、お荷物は二つだけですか？
B: はい。この荷物は預けて、こちらは機内持ち込みにします。X線検査が必要ですか？

A: そうですね。このスーツケースはセキュリティー検査も必要かもしれません。

A: Just the two bags today?
ジャスト　ザ　トゥー　バッグズ　トゥデイ

B: Yes. This one will be checked
イェス　ジス　ワン　ウィル　ビー　チェックト
(in) and this one is a carry-on
アンド　ジス　ワン　イズ　ア　キャリーオン
bag. Do you need to x-ray
バッグ　ドゥ　ユー　ニード　トゥ　エクスレイ
them?
ゼム

A: Uh-huh. The suitcase might
アーハー　ザ　スーツケース　マイト
need to be checked (in) by
ニード　トゥ　ビー　チェックト　バイ
hand, too.
ハンド　トゥー

通路側の席を、お願いします。

I'd like an aisle seat, please.
アイドゥ ライク アン アイル シート プリーズ
私は〜望む　通路側の席を　　　　　　　お願いします

●依頼をする表現

この表現は「〜をお願いします」と依頼をする時に使う表現です。I'd like のあとに、欲しいものを示す表現を続けると「〜がほしい」という意味になりますが、「〜する」という動作を続けると「〜したい」という意味になります。

私は〜望む		通路側の席を（お願いします）
		トイレ近くの席を
	預ける	このバッグを（お願いします）
		スーツケースを二つ

I'd like アイドゥ ライク		an aisle seat, please. アン アイル シート プリーズ
		a seat near the lavatory. ア シート ニア ザ ラバトリー
	to check(in) トゥ チェック	this bag, please. ジス バッグ プリーズ
		two suitcases. トゥー スーツケイス

［チェックイン］に関連する語句

座席予約	seat reservation シート レザベイション	後方の席	the back (of the plane) ザ バック (オブ ザ プレイン)
イーチケット （番号）	e-ticket (number) イー ティケット (ナンバ)	中央の仕切	the middle (of the plane) ザ ミドゥ (オブ ザ プレイン)
荷物預かり証	baggage claim check バゲッジ クレイム チェック	調理室	galley ギャレイ
はかり	scale スケイル	窓側の席	window seat ウィンドウ シート
前方の席	the front (of the plane) ザ フロント (オブ ザ プレイン)	トイレ	lavatory ラバトリー

会話コーナー

A: パスポートとチケットをお願いします。荷物は、はかりの上においてください。

A: Your passport and ticket, please. And please put your suitcase on the scale.
ユア パスポート アンド ティケット プリーズ アンド プリーズ プット ユア スーツケイス オン ザ スケイル

B: わかりました。通路側の席をお願いします。

B: OK. And I'd like an aisle seat, please.
オウケイ アンド アイドゥ ライク アン アイル シート プリーズ

A: 空きがあるかどうか調べてみますので、お待ちください。

A: Let me check and see if one is available.
レット ミー チェック アンド シー イフ ワン イズ アベイラブル

割増料金はいくらですか？

How much is the extra charge?
ハウ　　マッチ　　　イズ　ジ　　エクストラ　　チャージ
いくら　　　　　　　ですか　割増料金は

●値段・数を聞く表現

　この表現は、「〜はどれくらいですか」と何かの量や数を聞く時に使う表現です。how の部分が「どのくらい」を示すので、組み合わせによって、いろいろなものについて聞くことができます。

どのくらい	たくさん	〜ですか	割増料金は
			重量制限は
	多くの荷物を	私は〜できますか	預ける
			機内に持ち込む

How ハウ	much マッチ	is イズ	the extra charge? ジ エクストラ チャージ
			the weight limit? ザ ウェイト リミット
	many bags メニイ バッグズ	can I キャンナイ	check? チェック
			carry on? キャリー オン

[チェックイン]に関連する語句

キロ	kilos / kilograms キロズ　キログラムズ	許可する	allow アラウ
割増料金	extra charge エクストラ　チャージ	許容量	allowance アロウワンス
追加料金	surcharge サーチャージ	規則	regulations レギュレイションズ
追加請求	additional charge アディッショナル　チャージ	急ぐ	hurry up ハリー　アップ
罰金	penalty ペナルティー	航空会社の方針	airline policy エアライン　ポリシー

会話コーナー

A: スーツケースが重量制限を超えています。25キロが上限なんです。

B: え？

A: 割増料金をお支払いいただかなければなりません。それから、お急ぎください。出入国審査とセキュリティーチェックに30分は必要ですから。

A: I'm afraid your suitcase is overweight. There's a 25 kilogram maximum.
アイム　アフレイド　ユア　スーツケイス　イズ　オーバウェイト　ゼアズ　ア　トゥウェンティーファイブ　キログラム　マキシマム

B: Oh?
オウ

A: There's an extra charge you'll have to pay. And you have to hurry. You'll need thirty minutes to get through immigration and security.
ゼアズ　アン　エクストラ　チャージ　ユール　ハフ　トゥ　ペイ　アンド　ユー　ハフ　トゥ　ハリー　ユール　ニード　サーティ　ミニッツ　トゥゲッ　スルー　イミグレイション　アンド　セキュリティー

空港で ⑧ 運行情報

フライトは定刻どおりですか？

Is the flight on time?
イズ ザ フライト オン タイム
~ですか？ / フライトは / 時間どおり

●フライト状況を聞く表現

この表現は、「～は～ですか」と何かの状態を尋ねる時に使う表現です。英語では、「～は」の部分にくる語によって「～ですか」にあたる動詞の形が変わるので、注意が必要です。

～ですか	フライトは	時間どおり
		遅れている
	私たちは	早すぎる
		遅すぎる

Is イズ	the flight ザ フライト	on time? オン タイム
		delayed? ディレイド
Are アー	we ウィ	too early? トゥー アーリー
		too late? トゥー レイト

[搭乗]に関連する語句

定刻	on schedule	搭乗開始	boarding commence
遅延	delay	優先搭乗	pre-boarding
搭乗口	boarding gate	進む	proceed
ゲート開/閉	gate open / close	直行する	go directly
搭乗案内	boarding call	席に着く	take a seat

会話コーナー

A: フライトは定刻ですか?

B: はい。出発ゲートはGターミナルで、搭乗は2時50分に始まります。今日は、長蛇の列ですので、セキュリティー検査と出入国検査には早めにお進みください。

A: Is the flight on time?

B: Yes, it is. The departure gate is in Terminal G and boarding will begin at 2:50. Please proceed early to security and immigration because there's a long line today.

空港で ⑨ 搭乗まで

出発ゲートには
どう行けばよいでしょうか？

How can I get to the departure gate?
ハウ　キャンナイ　ゲッ　トゥ　ザ　ディパーチャ　ゲイト
どうやって私は〜できますか｜到着する｜出発ゲートに

●方法を聞く表現

この表現は「〜にはどう行けばよいでしょうか」と道を尋ねる時に使う表現です。行き方を聞く便利な表現です。

どうやって私は〜できますか	到着する	出発ゲートに
		出入国審査に
	着く	免税店に
		子供の遊戯室に

How can I ハウ　キャンナイ	get ゲッ	to the departure gate? トゥ　ザ　ディパーチャ　ゲイト
		to immigration? トゥ　イミグレイション
	reach リーチ	the duty-free shops? ザ　デューティ　フリー　ショップス
		the playroom for children? ザ　プレイルーム　フォア　チルドレン

52

［搭乗］に関連する語句

到着する	reach リーチ	バー	bar バー
みやげ物店	gift shop ギフト ショップ	喫煙所	the smoking area ザ スモーキン エアリア
スナックコーナー（軽食堂）	snack bar スナック バー	シャトルバス	shuttle bus シャトル バス
本屋	bookstore ブックストア	シャトル電車	shuttle train シャトル トレイン
カフェ	café カフェイ	ロビー	lobby ロビー

会話コーナー

A: 出発ゲートと免税店には、ここからどう行けばよいでしょうか？

B: Bターミナルまでシャトルに乗ってください。ゲートはB15です。免税店はBターミナルのロビーにたくさんあります。

A: ありがとうございます。

A: How can I get to the
ハウ キャンナイ ゲッ トゥ ザ
departure gate and duty-free
ディパーチャ ゲイト アンド デューティ フリー
shops from here?
ショップス フロム ヒア

B: You need to take a shuttle
ユー ニード トゥ テイク ア シャトル
to Terminal B. Your gate is
トゥ ターミナル ビー ユア ゲイト イズ
B 15. There are lots of duty-
ビーフィフティーン ゼア ラ ロッツ オブ デューティー
free shops in the lobby of
フリー ショップス イン ザ ロビー オブ
Terminal B.
ターミナル ビー

A: Thank you.
サンキュ

空港で ⑩ セキュリティー

この鞄の荷造りは自分でしました。

I packed this bag myself.
アイ　パックト　　　　ジズ　　バッグ　　マイセルフ
私は　荷造りをした　　このバッグの　　自分で

●荷造りに関する表現

「私は〜を〜する」という意味で、手荷物検査の時に不可欠な表現です。荷物に何を入れたか、自分で荷造りをしたかどうか、いくつ荷物を持っているかなどに答えられるようにしてください。

私は	荷造りをした	この鞄を	自分で
		これらを	
	詰めた	金属物を	鞄の中に
		衣類だけを	私の鞄に

I アイ	packed パックト	this bag ジス バッグ	myself. マイセルフ
		them ゼム	
	packed パックト	some metal objects サム メタル オブジェクト	in the bag. インザ バッグ
		only clothes オンリー クロージーズ	in my bag. インマイ バッグ

[手荷物検査] に関連する語句

ブリーフケース	briefcase ブリーフケイス	商品見本	business sample ビジネス サンプル
リュック	backpack バックパック	電子機器	electronic device イレクトロニック デバイス
金属物	metal object メタル オブジェクト	鍵	key キー
金属探知機	metal detector メタル ディテクター	ベルトのバックル	belt buckle ベルト バックル
所持品	personal effect パーソナル イフェクト	腕時計	watch ウォッチ

会話コーナー

A: 今日は、荷物は一つだけですか? ご自分で詰めましたか?

A: Just one bag today? Pack it yourself?
ジャスト ワン バッグ トゥデイ パック イット ユアセルフ

B: ええ。荷物は一つだけです。荷造りは自分でしました。

B: Yes. I have only one bag. I packed it myself.
イェス アイ ハブ オンリー ワン バッグ アイ パックト イットマイセルフ

A: わかりました。カウンターの上に置いていただけますか?

A: OK. Could you put it on the counter, please?
オウケイ クッジュ プット イットオン ザ カウンター プリーズ

機内で ⑪ 座席につく①

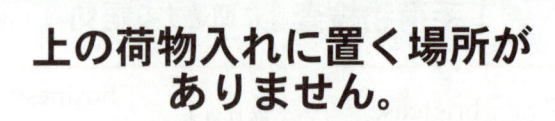

上の荷物入れに置く場所がありません。

There's no space in the overhead compartment.

ゼアズ ノウ スペイス
そこに　　　　空間がない

イン ジ　オーバーヘッド　コンパートメント
頭上の荷物入れに

●場所・物の有無を言う表現

この表現は、物の存在の有無を伝える表現です。「〜にない」と場所を示すこともありますし、「〜用の〜がない」と特定の用途のものがないことを示すこともあります。

そこに	空間がない	頭上の荷物入れに
		この大きな鞄のための
	枕がない	私の席に
		私のための

There's ゼアズ	no space ノウ スペイス	in the overhead compartment. イン ジ オーバーヘッド コンパートメント
		for this large bag. フォア ジス ラージ バッグ
	no pillow ノウ ピロウ	on my seat. オン マイ シート
		for me. フォア ミー

[機内の会話] に関連する語句

場所	room ルーム	ひじ掛け	armrest アームレスト
頭上の収納スペース	overhead bin オーバーヘッド ビン	通路側の席	aisle seat アイル シート
座席の下	under the seat アンダー ザ シート	座席番号56A	seat number 56A シート ナンバ フィフティーシックス エイ
搭乗券	boarding pass ボーディング パス	ちょっと待ってください	Just a second. ジャスタ セコンド
通路	aisle アイル	前方へ／に	up front アップ フロント

会話コーナー

A:すみません。私の鞄を入れる場所が上の荷物入れにありません。

A: Excuse me. There's no space
エクスキューズ ミー ゼアズ ノウ スペイス
for my bag in the overhead
フォア マイ バッグ イン ジ オーバーヘッド
compartment.
コンパートメント

B:そうですか。少々お待ちください。どこかに置けないかどうか見てきます。

B: Really? Just a moment
リアリー ジャスタ モーメン
and I'll see if I can find
アンド アイル シー イフ アイ キャン ファインド
somewhere to put it.
サムホエア トゥ プット イット

A:ありがとうございます。

A: Thank you.
サンキュ

席を替えられますか？

Can I change seats?
キャンナイ　チェンジ　シーツ
私は〜できますか　替える　席を

●可能・希望の表現

この表現は「〜できますか」と聞きながら、「〜してほしい」と相手に依頼をする表現です。文の後に please を付けると丁寧な依頼表現になります。

私は〜できますか	替える	席を
		これを新しいものと
	得る	紅茶を（お願いします）
		ヘッドホンを（お願いします）

Can I キャンナイ	change チェンジ	seats? シーツ
		this for a new one? ジス フォアラ ニュー ワン
	get ゲット	some tea, please? サム ティー プリーズ
		a headset, please? ア ヘッドセット プリーズ

[機内の会話]に関連する語句

客室乗務員	flight attendant フライト アテンダント	着席したままで	stay seated ステイ シーティッド
空席	empty seat エンプティ シート	非常口	emergency exit エマージェンシィ イグジット
空き	unoccupied アンオキュパイド	座席のポケット	seat pocket シート ポケット
ヘッドホン	headphone ヘッドホン	機内雑誌	in-flight magazine インフライト マガジーン
救命胴衣	life vest ライフ ベスト	免税品カタログ	duty-free catalog デューティーフリー カタログ

会話コーナー

A:友だちと席を替えられますか？

A: Can I change seats with my friend?
キャンナイ チェンジ シーツ ウィズ マイ フレンド

B:はい。でも皆様がお席におつきになるまで、お待ちいただけますか？

B: Yes. But could you please wait until everyone is seated?
イェス バット クッジュ プリーズ ウェイト アンティル エブリワン イズ シーティッド

A:わかりました。それと、ヘッドホンをいただけますか？

A: OK. And can I get a headset?
オウケイ アンド キャンナイ ゲットア ヘッドセット

B:座席ポケットにあるはずです。

B: There should be one in your seat pocket.
ゼア シュド ビー ワン イン ユア シート ポケット

毛布をいただけますか？

May I have a blanket, please?
メアイ　ハブ　ア ブランケット　プリーズ
私は〜を許されますか｜持つ｜毛布を｜お願いします

機内で ⑬ 座席につく③

● **丁寧な依頼の表現**

この表現は、何かを頼む時に使う表現です。前頁の Can I 〜 ? の文よりも、相手に対して丁寧な文になります。

私は〜しても いいですか	持つ	毛布を（お願いします）
		酔い止めの薬を（お願いします）
	使う	コンピュータを
		携帯電話を

May I メアイ	have ハブ	a blanket, please? ア ブランケット　プリーズ
		some motion sickness medicine, please? サム モーション シックネス メディスン プリーズ
	use ユーズ	my computer? マイ コンピュータ
		my cell phone? マイ セル フォウン

[機内での会話]に関連する語句

追加の毛布	extra blanket エクストラ ブランケット	背もたれを起こした	upright アップライト
枕	pillow ピロウ	トイレを使う	use the lavatory ユーズ ザ ラバトリー
水	some water サム ウォータ	搭乗口で	at the gate アット ザ ゲイト
痛み止め	aspirin アスピリン	音楽再生機	music player ミュージック プレイヤー
トレー	tray トレイ	背もたれを倒す	recline my seat リクライン マイ シート

会話コーナー

A:すみませんが、毛布をいただけますか？

A: Excuse me. May I have a
エクス**キュー**ズ ミー メアイ ハブ ア
blanket, please?
ブランケット プリーズ

B:かしこまりました。すぐにお持ちいたします。枕もご入り用ですか？

B: Sure. I'll bring one in a
シュア アイル ブリング ワン インナ
minute. Do you need a pillow,
ミニッツ ドゥ ユー ニード ア ピロウ
too?
トゥー

A:ええ、お願いします。

A: Yes, please.
イェス プリーズ

B:すぐお持ちいたします。

B: OK. I'll be right back.
オウ**ケイ** アイル ビー ライト バック

機内で ⑭ 食事をとる

魚をお願いします。

I'd like fish, please.
アイドゥ ライク　**フィッシュ** プリーズ
私は〜欲しい/したい　魚を　お願いします

●希望を表す表現

この表現は、「〜が欲しい」と自分の欲しいものが何かを相手に伝える時に使う表現です。欲しいものだけを述べても、また「手に入れる」という意味の to get を付け加えても使えます。

私は〜欲しい/したい		魚を（お願いします）
		ビールを（お願いします）
	手に入れる	日本語の雑誌を
		サンドイッチを

| I'd like
アイドゥ ライク | | fish, please.
フィッシュ プリーズ |
| --- | --- | --- |
| | | a beer, please.
ア ビア プリーズ |
| | to get
トゥ ゲット | a Japanese magazine.
ア ジャパニーズ マガジーン |
| | | a sandwich.
ア サンドウィッチ |

[機内サービス]に関連する語句

新聞	paper ペイパ	オレンジジュース	orange juice オウレンジ ジュース
紅茶/緑茶	black tea/ green tea ブラックティー グリーンティー	炭酸水	sparkling water スパークリング ウォータ
コーヒー	coffee コーフィ	ミネラルウォータ	mineral water ミネラル ウォータ
砂糖/クリーム	sugar / cream シュガー クリーム	ちょっと待ってください	Just a moment. ジャスタ モーメン
アルコール分のない飲料	soft drinks ソフト ドリンクス	通る	be by / come by ビー バイ カム バイ

会話コーナー

A: 鳥肉がよろしいですか、魚がよろしいですか？
B: 魚をお願いします。それから、日本語の新聞をいただきたいのですが。さきほど、他の乗務員の方が持って来ていました。

A: 少々お待ちください。この食事をお配りしましたら、見てまいります。

A: Chicken or fish?
チキン オア フィッシュ
B: I'd like fish. And I'd like to
アイドゥ ライク フィッシュ アンド アイドゥ ライク トゥ
get a Japanese newspaper.
ゲット ア ジャパニーズ ニューズペイパ
Another flight attendant
アナザ フライト アテンダント
came around with some
ケイム アランド ウィズ サム
earlier.
アーリアー
A: Just a moment. After I serve
ジャスタ モーメン アフタ アイ サーブ
these meals I'll take a look.
ジーズ ミールズ アイル テイク ア ルック

機内で ⑮ 使い方を聞く

ヘッドホンはどう使うのですか？

How do I use this headset?
ハウ　　　ドウ　アイ　ユーズ　ジス　　ヘッドセット
どうやって　私は〜するのか　このヘッドホンを使う

●方法を聞く表現

この表現は、何かの使い方を教えて欲しいと、相手に頼む時に使う表現です。

どうやって	私は〜するのか	このヘッドホンを使う
		ゲームを始める
	私は〜できるのか	トレイを引き出す
		座席を倒す

How ハウ	do I ドウ アイ	use this headset? ユーズ ジス ヘッドセット
		start the games? スタート ザ ゲイム
	can I キャン ナイ	get my tray out? ゲット マイ トレイ アウト
		recline my seat? リクライン マイ シート

[機内の設備]に関連する語句

機内電話	in-flight telephone インフライトテレフォウン	読書灯	reading light リーディング ライト
娯楽番組のリモコン	the entertainment control ザ エンターテインメント コントロール	客室乗務員呼び出しボタン	flight attendant call button フライト アテンダント コール ボタン
免税品を注文する	order duty-free item オーダー デューティーフリー アイテム	押す	push プッシュ
電源を入れる	turn on ターン オン	開く	open オープン
電源を切る	turn off ターン オフ	調節する	adjust アジャスト

会話コーナー

A:すみません。このヘッドホンはどう使うのですか？

A: Excuse me. How do I use this headset?
エクスキューズ ミー ハウ ドウ アイ ユーズ ジス ヘッドセット

B:そこにプラグを差し込んで、肘掛についているボタンでチャンネルを選んでください。

B: You plug it in there and choose the channel with the button on you armrest.
ユー プラグ イット イン ゼア アンド チューズ ザ チャンネル ウィズ ザ ボタン オン ユア アームレスト

A:ああ、わかりました。ありがとうございます。

A: Oh, OK. Thank you.
オウ オウケイ サンキュ

映画はどのチャンネルでやっていますか？

機内で ⑯ 映画を観る

What channel is the movie on?
ホワット　チャンネル　イズ　ザ　ムービー　オン
どのチャンネル　～ですか　映画の上映中は

●チャンネルを聞く表現

この表現は「どのチャンネルで～をやっていますか」と、番組情報を得る時の表現です。

どのチャンネル	～ですか	映画の上映中は
		クラシック音楽の放送中は
	でやってますか	日本語の映画を
		ニュース番組を

What channel ホワット　チャンネル	is イズ	the movie on? ザ　ムービー　オン
		the classical music on? ザ　クラシッカル　ミュージカル　オン
	has ハズ	the movie in Japanese? ザ　ムービー　イン　ジャパニーズ
		the news? ザ　ニューズ

[機内の娯楽機器]に関連する語句

映画リスト	movie listing ムービー リスティング	ゲームの説明	game instruction ゲイム インストラクション
免税品	duty-free item デューティー フリー アイテム	安全のしおり	safety instruction セイフティー インストラクション
日本のポップミュージック	Japanese pop music ジャパニーズ ポップ ミュージック	今日のメニュー	today's menu トゥデイズ メニュー
クラシック音楽	classical music クラシカル ミュージック	機体情報	aircraft information エアクラフト インフォメイション
日本語のニュース	news in Japanese ニューズ インジャパニーズ	空港情報	airport information エアポート インフォメイション

会話コーナー

A: すみません。どのチャンネルで映画をやっていますか？

B: 本日は三本の映画がございます。チャンネル案内は、機内娯楽ガイドにございます。

A: この雑誌ですか？

B: はい、60ページからでございます。

A: Excuse me. What channel is the movie on?

B: There are three movies today. You can find the channels in the in-flight entertainment guide.

A: In this magazine?

B: Yes, starting on page 60.

何時にロンドンに着きますか？

What time will we arrive in London?
ホワット　タイム　　ウィル　ウィー　アライブ　イン　ロンドン
何時（に）　　私たちは〜しますか　ロンドンに着く

●時間を聞く表現

この表現は「何時に〜ですか」と時間に関する情報を得たい時に使う表現です。

何時（に）	私たちは〜しますか	ロンドンに着く
		夕食が出る
	ですか	今、ロサンゼルスは
		今、東京は

What time ホワット　タイム	will we ウィル　ウィー	arrive in London? アライブ　イン　ロンドン
		have dinner? ハブ　ディナー
	is it イズ イット	in Los Angeles now? イン　ロスアンジェラス　ナウ
		in Tokyo now? イン　トーキョー　ナウ

機内で ⑰ 到着時間を尋ねる

[到着]に関連する語句

〜まで時間はどのくらい？	How long till 〜？	地上で	on the ground
予定通り	on schedule / time	ゲートで	at the gate
予定より遅く	behind schedule	出発する	depart
予定より早く	ahead of schedule	6時直前	just before 6:00
〜に間に合って	in time for 〜	6時直後	just after 6:00

会話コーナー

A: 何時にロンドンに着きますか？

B: あと5時間ほどでございます。8時半に着く予定です。現地時間は、ただ今、ちょうど午前3時半を過ぎたところです。

A: ありがとうございます。

A: What time will we arrive in London?

B: In about five more hours. We should arrive at 8:30. And the local time there now is... just after 3:30 AM.

A: Thank you.

トロントの今日の天気はどうですか？

What's the weather like in Toronto today?

ホワッツ　　　ザ　　ウェザー　　　　ライク
何ですか　　　天気は　　　　　　　〜のような

イン　トロント　　　　　トゥデイ
今日のトロントでは

●天候を聞く表現

この表現は、「〜はどんな様子ですか」と何かの状態を聞く時に使う表現です。「〜は〜ですか」という聞き方もあります。

何ですか	天気は	〜のような	今日のトロントでは
	気温は		今日のニューヨークでは
〜ですか	天候は	雨ふりの	ボストンでは
		寒い	東京では

What's ホワッツ	the weather ザ ウェザー	like ライク	in Toronto today? イン トロント トゥデイ
	the temperature ザ テンプラチャ		in New York today? イン ニューヨーク トゥデイ
Is イズ	it イット	rainy レイニー	in Boston? イン ボストン
		cold コウルド	in Tokyo? イン トーキョー

機内で ⑱ 天候を尋ねる

[天候] に関連する語句

曇り	cloudy クラウディー	霧雨	drizzle ドゥリズル
本曇り	overcast オーバーキャスト	強風	strong wind ストロング ウィンドゥ
晴天	clear skies クリア スカイズ	風の強い	windy ウィンディ
にわか雪	flurry フラリー	霧	fog フォッグ
雨	rain レイン	雪	snow スノウ

会話コーナー

A: すみません。トロントの今日の天気はどうですか？

B: 本曇りでにわか雪、気温は5度くらいで大変寒いとのことです。

A: ありがとうございます。

A: Excuse me? What's the weather like in Toronto today?
エクスキューズ ミー ホワッツ ザ ウェザー ライク イン トロント トゥデイ

B: It's overcast with light flurries, and very cold, about 5 degrees.
イッツ オーバーキャスト ウィズ ライト フラリーズ アンド ベリー コウルド アバウト ファイブ ディグリーズ

A: Thank you.
サンキュ

（入国目的は）観光です。

I'm here for sightseeing.
アイム ヒア フォア **サイト**シーイング
私は〜です ここに 観光のために

●入国の理由を告げる表現

空港で入国手続の時に必ず What's your purpose?（入国目的は？）と聞かれます。この表現は、その問に答える表現です。

私は〜です	ここに	観光のために
		仕事で
		ツアー旅行で
		学校のグループで

I'm アイム	here ヒア	for sightseeing. フォア **サイト**シーイング
		on business. オン **ビ**ジネス
		with a tour. ウィズ ア **トゥ**アー
		with a school group. ウィズ ア ス**クール** グループ

[入国審査]に関連する語句

初めての訪問	first visit ファースト ビジット	クラスの人と一緒に	with my class ウィズ マイ クラス
一人で	by myself バイ マイセルフ	両親と一緒に	with my parents ウィズ マイ ペアレンツ
一人で	alone アローン	目的	purpose パーパス
家族と一緒に	with my family ウィズ マイ ファミリー	宿泊場所	accommodations アコモデイションズ
友達二人と	with two friends ウィズ トゥー フレンズ	ワーキングホリデイビザ	Working Holiday visa ワーキング ホリデイ ビザ

会話コーナー

A:フランスは初めてですか？
A: Is this your first time to France?
イズ ジス ユア ファースト タイム トゥ フランス

B:はい。
B: Yes.
イェス

A:(入国)目的は何ですか？
A: What's your purpose?
ホワッツ ユア パーパス

B:観光です。家族と一緒です。
B: I'm here for sightseeing. I'm with my family.
アイム ヒア フォア サイトシーイング アイム ウィズ マイ ファミリー

A:楽しんでください。
A: Have a nice time.
ハブ ア ナイス タイム

入国審査 ⑳ 乗り継ぎ

パリに行く途中です。

I'm on my way to Paris.
アイム オン マイ ウェイ トゥ パリス
私は～です (行く) 途中　パリへ

●乗り継ぎを伝える表現

この表現は「私は～へ行く途中です」と、入国審査の際に、乗り継ぎであることを告げる時に使う表現です。「～便への乗り換え (transfer) です」という言い方もできます。

私は～です	(行く) 途中	パリへ
		ジュネーブの学校へ
	乗り換える	ロンドン行きの便へ
		国内便へ

I'm アイム	on my way オン マイ ウェイ	to Paris. トゥ パリス
		to my school in Geneva. トゥ マイ スクール イン ジニーバ
	transferring トランスファーリング	to a flight to London. トゥ ア フライト トゥ ロンドン
		to a domestic flight. トゥ ア ドメスティック フライト

［乗り継ぎ］に関連する語句

途中下車	stopover ストップオーバー	乗り継ぎ／通過中	in transit イン トランジット
接続便	connecting flight コネクティング フライト	セキュリティー検査をすませる	go through security ゴウ スルー セキュリティー
国内便	local flight ローカル フライト	乗継受付所	transit desk トランジット デスク
接続	connection コネクション	国際線	international インタナショナル
荷物を引き取る	claim luggage クレイム ラゲッジ	国内線	domestic ドメスティック

会話コーナー

A: 入国の目的は何ですか？

A: What's the purpose of your visit?
ホワッツ ザ パーパス オブ ユア ビジット

B: 乗り換えで立ち寄っただけです。パリに行く途中で、接続便を待っています。

B: I'm just transiting. I'm on my way to Paris and I'm waiting for my connecting flight.
アイム ジャスト トランジッティング アイム オン マイ ウェイ トゥ パリス アンド アイム ウェイティング フォア マイ コネクティング フライト

A: セキュリティー検査をすませていただかなければなりません。

A: You'll need to clear security here.
ユール ニード トゥ クリア セキュリティ ヒア

入国審査 ㉑ 滞在予定

1週間滞在します。

I'll be here for one week.
アイル ビー ヒア　フォア ワン ウィーク
私は〜でしょう／ここにいる／一週間

● **滞在期間・場所を伝える表現**

この表現は、「私は〜する予定です」と入国審査で滞在中の予定を述べる時に使う表現です。

私は〜でしょう	ここにいる	一週間
		一ヶ月
私は〜しています	滞在する	繁華街のシェラトンホテルに
		友だちと

I'll アイル	be here ビー ヒア	for one week. フォア ワン ウィーク
		for one month. フォア ワン マンス
I'm アイム	staying ステイイング	at the Sheraton Hotel downtown. アット ザ シェラトン ホテル ダウンタウン
		with friends. ウィズ フレンズ

[滞在予定の説明] に関連する語句

どこに	Where? ホエア	ホスト ファミリー	host family ホスト ファミリー
ロイヤル ホテルに	at the Royal Hotel アット ザ ロイアル ホテル	親戚と一緒に	with relatives ウィズ レラティブズ
友だちの家に	at my friend's place アット マイ フレンズ プレイス	何日間？	How long? ハウ ロング
リゾート ホテル	resort hotel リゾウト ホテル	週末の間	for the weekend フォア ザ ウィークエンド
朝食付き 宿泊施設	Bed and Breakfast (B&B) ベッド アンド ブレックファスト (ビー アンド ビー)	2, 3日間	for a few days フォア ア フューデイズ

会話コーナー

A: 5日間滞在します。それから、アメリカに行きます。
B: どこに泊まる予定ですか？
A: 繁華街のユースホステルに泊まります。ディスカバリー通りです。

A: I'll be here for five days.
アイル ビー ヒア フォア ファイブ デイズ

Then I'm going to the USA.
ゼン アイム ゴウイング トゥ ジ ユーエスエイ

B: Where will you be staying?
ホエア ウィル ユー ビー ステイング

A: I'm staying at the youth
アイム ステイング アット ザ ユース

hostel downtown, on
ハステル ダウンタウン オン

Discovery St.
ディスカバリー ストリート

申告するものはありません。

I have nothing to declare.
アイ ハブ **ナ**ッシング トゥ ディク**レ**ア
私は持つ / 何もない / 申告するための

●税関申告の有無を言う表現

この表現は「〜はない」と税関で申告対象物品を所有していないことを伝える時に使う表現です。表現の仕方は2種類あります。

私は	持つ	申告するためのものはない
		高価なものはない
	持っていない	酒を
		タバコを

I アイ	have ハブ	nothing to declare. ナッシング トゥ ディクレア
		nothing expensive. ナッシング イクスペンシブ
	don't have ドゥント ハブ	any alcohol. エニイ アルコホル
		any cigarettes. エニイ シガレッツ

[申告]に関連する語句

3カートン（のタバコ）	3 cartons (of cigarettes) スリーカートンヅ(オブ シガレッツ)	小火器（銃など）	firearm ファイアアーム
リットル	liter / litre リッター （米）/（英）	花火	firework ファイアワーク
現金	cash キャッシュ	肉	meat ミート
値段	value バリュー	野菜	vegetable ベジタブル
植物	plant プラント	絶滅の危機にある動物	endangered animal エンデインジャード アニマル

会話コーナー

A: 申告するものはありません。
B: タバコもお酒もありませんか？
A: ええ、何もありません。
B: バッグの中には何が入っていますか？
A: 自分の荷物と友だちへのおみやげです。

A: I have nothing to declare.
アイ ハブ ナッシング トゥ ディクレア

B: No cigarettes or alcohol?
ノウ シガレッツ オア アルコホル

A: No, none.
ノウ ナン

B: What's in this bag?
ホワッツ イン ザ バッグ

A: Just my personal belongings
ジャスト マイ パーソナル ビロンギングス

and some gifts for friends.
アンド サム ギフツ フォア フレンズ

荷物のトラブル ㉓ 荷物の紛失

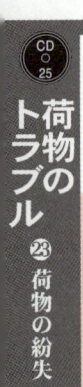

荷物が見つかりません。

I can't find my baggage.
アイ キャーント ファインド マイ バゲッジ
私は　見つけることができない　私の荷物を

●荷物が見つからない時の表現

この表現は、「〜を見つけられない」と言って相手に助けを求めたい時に使う表現です。「〜がわからない」という表現も必要になります。

私は	見つけることができない	私の荷物を
		荷物の引取場所のベルトコンベヤーを
	わからない	私のフライトナンバーが
		私の滞在場所の住所が

I アイ	can't find キャーント ファインド	my baggage. マイ バゲッジ
		the carousel. ザ カロウサル
	don't know ドウント ノウ	my flight number. マイ フライト ナンバ
		my local address. マイ ロウカル アドレス

[荷物引取]に関連する語句

手押し車	cart カート	フライトナンバー	flight number フライト ナンバ
ベルトコンベヤー	conveyor belt コンベイヤ ベルト	航空会社	airline エアライン
定型サイズ外荷物引取所	irregular size baggage desk イレギュラー サイズ バゲッジ デスク	目的地	destination デスティネイション
硬い材質のスーツケース	hard suitcase ハード スーツケイス	連絡先電話番号	contact number コンタクト ナンバ
軟らかい材質のスーツケース	soft suitcase ソフト スーツケイス	滞在先の住所	local address ロウカル アドレス

会話コーナー

A:ベルトコンベヤーのところで荷物を引き取ろうとしたのですが、出てきませんでした。

B:場所を間違えてはいませんか？

A:はい。どこにも荷物は見つかりません。荷物の紛失の連絡はどこですればよいですか？

A: I tried to claim my luggage
アイ トライド トゥ クレイム マイ ラゲッジ
at the conveyor but it didn't
アット ザ コンベイヤ バット イット ディドゥント
come out.
カム アウト

B: Are you sure you were at the
アー ユー シュア ユー ワー アット ザ
right carousel?
ライト カロウサル

A: Yes. I can't find my baggage
イェス アイ キャント ファインド マイ バゲッジ
anywhere. Where can I report
エニィホエア ホエア キャンナイ レポート
a missing bag?
ア ミッシング バッグ

荷物のトラブル ㉔ 荷物の破損

スーツケースの側面に穴があいています。

There's a hole in the side of my suitcase.

ゼアズ　ア　ホウル　イン　ザ　サイド
〜ある　　穴が　　　　側面に

オブ　マイ　スーツケイス
私のスーツケースの

● 荷物の破損状況を説明する表現

この表現は、荷物の破損を伝える時に使う表現です。「(場所)に(破損の種類)がある」という言い方と「〜が壊れている」という言い方の二つをよく使います。

〜ある	穴が	私のスーツケースの側面に
	ひびが	ここに
車輪が	〜いる	壊れて
鍵が		

There's ゼアズ	a hole ア ホウル	in the side of my suitcase. インザ サイド オブ マイ スーツケイス
	a crack ア クラック	here. ヒア
The wheels ザ ウィールズ	are アー	broken. ブロークン
The lock ザ ロック	is イズ	

[荷物の破損]に関連する語句

上部	top トップ	濡れている	wet ウェット
底	bottom ボトム	取っ手	handle ハンドル
亀裂	gash ガッシュ	航空会社カウンター	airline desk エアライン デスク
すり跡	scrape スクレイプ	（用紙に）記入する	fill in (a form) フィル イン ア フォーム
汚れ	stain ステイン	所持品事故届	Property Irregularity Report プロパティー イレギュラリティー レポート

会話コーナー

A: スーツケースをコンベアーのところから取って来たところなんですが。

B: はい？

A: スーツケースがだめになっています。ここの側面に穴があいています。

A: I just picked up my suitcase
アイ ジャスト ピックト アップ マイ スーツケイス

from the carousel.
フロム ザ カロウサル

B: Yes?
イェス

A: My suitcase is damaged.
マイ スーツケイス イズ ダミジド

There's a hole here in the
ゼアズ ア ホウル ヒア イン ザ

side.
サイド

83

荷物のトラブル
25 荷物の状況

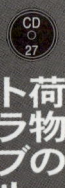

灰色で、黒の取っ手が付いています。

It's gray with black handles.
イッツ　グレイ　ウィズ　ブラック　ハンドルズ
それは〜です　灰色の　　黒の取っ手つきの

●荷物を説明する時の表現

この表現は、荷物の様子を伝える時に使う表現です。荷物の特徴を示す表現としてよく使う形は二つあります。

それは〜です		黒い取っ手の付いた灰色の
		大きいスーツケース
それは	持つ	ダイヤルロックの錠を
		赤のスーツケースベルトを

It's イッツ		gray with black handles. グレイ　ウィズ　ブラック　ハンドルズ
		a large suitcase. ア　ラージ　スーツケイス
It イット	has ハズ	a combination lock. ア　コンビネイション　ロック
		a red safety strap. ア　レッド　セイフティー　ストラップ

［荷物］に関連する語句

皮革	leather レザー	鍵付きの錠前	key lock キー ロック
ビニール	vinyl バイナル	車輪	wheels ウィールズ
布	cloth クロス	引き手	pull handle プル ハンドル
鍵がかかった	locked ロックト	小さい	small スモール
鍵がかかっていない	unlocked アンロックト	ステッカー	sticker スティッカー

会話コーナー

A: 私のバッグがなくなりました。

B: どんなバッグですか？

A: 灰色で、黒の取っ手が付いています。それから、赤のスーツケースベルトがかかっていて、ダイヤルロックの錠が付いています。

A: My bag is missing.
マイ バッグ イズ ミッシング

B: What does it look like?
ホワット ダズ イット ルック ライク

A: It's gray with black handles.
イッツ グレイ ウィズ ブラック ハンドルズ

And it has a red safety strap
アンド イット ハズ ア レッド セイフティー ストラップ

and a combination lock.
アンド ア コンビネイション ロック

見つかったらすぐにホテルに届けていただけますか？

Could you deliver it to my hotel as soon as it's found?

クッジュ / デリバー / イット トゥ マイ ホテル / アズ スーン アズ イッツ ファウンド
～していただけますか / それを届ける / 私のホテルへ / それが見つかり次第に

●荷物の処理を依頼する表現

この表現は「～していただけますか」と相手に丁寧にものを頼む時に使う表現です。

～していただけますか	それを届ける	見つかり次第私のホテルへ
		私の滞在先に
	書く	あなたの名前を書類に
		あなたの連絡先の情報を

Could you クッジュ	deliver it デリバー イット	to my hotel as soon as it's found? トゥ マイ ホテル アズ スーン アズ イッツ ファウンド
		to my local address? トゥ マイ ロウカル アドレス
	write ライト	your name on the form? ユア ネイム オン ザ フォーム
		your contact information? ユア コンタクト インフォメイション

[紛失の手続き]に関連する語句

滞在先住所	local address ロウカル　アドレス	（用紙に）記入する	fill in (a form) フィル イン ア フォーム)
滞在先電話番号	local (phone) number ロウカル（フォウン）ナンバ	旅行会社	tour company ツアー　カンパニー
自宅住所	home address ホウム　アドレス	〜にそれを送る	send it on to __ センド イット オン トゥ
自宅電話番号	home (phone) number ホウム（フォウン）ナンバ	現金引換券	cash voucher キャッシュ バウチャー
連絡先情報	contact information コンタクト インフォメイション	所持品	personal items パーソナル　アイテムズ

会話コーナー

A: 荷物がなくなってしまいました。

B: 見つけ次第ご連絡させていただきます。ホテル名を荷物紛失届にご記入いただけますか？

A: はい、もちろん。見つかったらすぐにホテルに届けていただけますか？

A: My baggage is lost.
マイ　バゲッジ　イズ ロスト

B: We'll contact you as soon as
ウィール　コンタクト　ユー　アズ スーン　アズ
we find it. Could you write
ウィー ファインド イット クッジュ　　　ライト
your hotel name on the Lost
ユア　ホテル　ネイム　オン ザ　ロスト
Baggage form?
バゲッジ　　フォーム

A: Sure. Could you deliver it
シュア　クッジュ　　　　デリバー　　イット
to my hotel as soon as it's
トゥ マイ ホテル　アズ スーン　アズ イッツ
found?
ファウンド

両替 ②場所を探す

両替所はどこですか？

Where can I find
ホエア　　　キャンナイ　ファインド
どこで　　　私は見つけられますか

the currency exchange?
ザ　　カレンシー　　　エクスチェインジ
両替所を

●場所を聞く表現

この表現は「〜はどこですか」と何かの場所を尋ねる時に使う表現です。

どこで	私は見つけられますか	両替所を
		観光案内所を
		宿泊予約カウンターを
		銀行を

Where ホエア	can I find キャンナイ ファインド	the currency exchange? ザ　カレンシー　エクスチェインジ
		the tourist information office? ザ　トゥーリスト　インフォメイション　オフィス
		the hotel reservation counter? ザ　ホテル　レザベイション　カウンター
		a bank? ア　バンク

88

[場所の案内]に関連する語句

自動現金 預入払出機	ATM エイティーエム	(航空会社の) 事務所	the (airline) office ジ (エアライン) オフィス
レンタカー 営業所	car rental office カー レンタル オフィス	〜の隣	beside ＿ ビサイド
トイレ	restroom レストルーム	〜の向かい側	across from ＿ アクロス フロム
携帯電話 貸出所	cell phone rental shop セルフォウン レンタル ショップ	〜を過ぎた ところ	just past ＿ ジャスト パスト
ビジネス センター	business center ビジネス センタ	〜の近く	near ＿ ニア

会話コーナー

A: 両替所はどこですか？

A: Where can I find the currency exchange?
ホエア キャンナイ ファインド ザ カレンシー エクスチェインジ

B: 両替は銀行でできます。このホールの突き当たりです。大きな本屋さんの隣です。

B: You can change money at the bank. It's just down at the end of the hall. It's next to the big bookstore.
ユー キャン チェインジ マニー アット ザ バンク イッツ ジャスト ダウン アット ジ エンド オブ ザ ホウル イッツ ネックスト トゥ ザ ビッグ ブックストア

A: ありがとうございます。

A: Thank you.
サンキュ

両替

依頼

日本円をドルに替えたいのですが。

I'd like to change
アイドゥ ライク トゥ チェインジ
私は両替したい

some Japanese yen into dollars.
サム　　ジャパニーズ　　　　イェン　　イントゥ　ダラーズ
日本円を　　　　　　　　　　　　　　*ドルに*

●両替をする時の表現

この表現は change ~ into ~「~を~に替えたい」と両替の申し込みの際に使う表現です。両替したいことだけを伝えたい時は change some money と言います。

私は両替したい	日本円を	ドルに
	トラベラーズチェックを	ユーロに
	2万円を	バーツに
	お金を	

I'd like to change アイドゥ ライク トゥ チェインジ	some Japanese yen サム ジャパニーズ イェン	into dollars. イントゥ ダラーズ
	some traveler's checks サム トラベラーズ チェックス	into Euros. イントゥ ユーロズ
	¥20,000 トゥウェンティー サウザンド イェン	into Baht. イントゥ バーツ
	some money. サム マニー	

［換金］に関連する語句

百	100 (one hundred) ワン　ハンドレッド	トラベラーズチェック	traveller's cheque（英） トラベラーズ　チェック
千	1,000 (one thousand) ワン　サウザンド	トラベラーズチェック	t/c ティーシー
一万	10,000 (ten thousand) テン　サウザンド	円建てで	in yen イン　イェン
十万	100,000 (one hundred thousand) ワン　ハンドレッド　サウザンド	ドル建てで	in dollars イン　ダラーズ
二万六千四百	26,400 (twenty-six thousand, four hundred) トゥウェンティー　シックス　サウザンド　フォーハンドレッド	ユーロ建てで	in Euros イン　ユーロズ

会話コーナー

A: トラベラーズチェックをユーロに両替したいのですが。

B: どのようなトラベラーズチェックをお持ちですか？

A: 円建てのビザ小切手です。

A: I'd like to change some traveler's checks into Euros.
アイドゥ　ライク　トゥ　チェインジ　サム　トラベラーズ　チェックス　イントゥ　ユーロズ

B: What kind of traveler's checks do you have?
ホワット　カインド　オブ　トラベラーズ　チェックス　ドゥ　ユー　ハブ

A: They're VISA checks, in yen.
ゼイアー　ビザ　チェックス　イン　イェン

両替 ㉙ レート

円の為替レートはいくらですか？

What's the exchange rate for yen?

ホワッツ ジ エクス**チェ**インジ **レ**イト フォア **イェ**ン
何ですか　　為替レートは　　　　　　　　　　　　　　円の

● **両替レートを聞く表現**

この表現は、「レートは何ですか」と為替レートを尋ねる時に使う表現です。

何ですか	為替レートは	円の
		アメリカドルの
	レートは	現金の円の
		円建てトラベラーズチェックの

What's	the exchange rate	for yen? ※
ホ**ワ**ッツ	ジ エクス**チェ**インジ レイト	フォア **イェ**ン
		for American dollars?
		フォア アメリカン **ダ**ラーズ
	the rate	for yen in cash?
	ザ **レ**イト	フォア **イェ**ン イン **キャ**ッシュ
		for yen traveler's checks?
		フォア **イェ**ン トラベラーズ **チェ**ックス

※通常1ドルに対して円はいくらの意味。

[両替]に関連する語句

両替所	Bureau de Change ビュアロウ ダ チェインジ	手数料	handling charge ハンドリング チャージ
両替所	Currency Exchange カレンシー エクスチェインジ	現金	cash キャッシュ
両替所	Foreign Exchange フォーリン エクスチェインジ	身分証明書	identification アイデンティフィケイション
本日のレート	Today's Rates トゥデイズ レイツ	引き取り(額)	accept アクセプト
手数料	commission コミッション	受け取り(額)	take テイク

会話コーナー

A: 今日の円の為替レートはいくらですか？

B: 1.53です。いくら換金されますか？

A: 2万円です。いくらになりますか？

B: 少々お待ちください。307ドルになります。

A: What's the exchange rate for yen today?
ホワッツ ザ エクスチェインジ レイト フォア イェン トゥデイ

B: It's 1.53. How much would you like to change?
イッツ ワンフィフティースリー ハウ マッチ ウッ ジュー ライク トゥ チェインジ

A: ¥20,000. How much will I get for that?
トゥウェンティーサウザンドイェン ハウ マッチ ウィル アイ ゲット フォア ザット

B: Just a moment. That comes to $307.00.
ジャスタ モーメン ザット カムズ トゥ スリーハンドレッドセブンダラーズ

両替

㉚ お金の種類

（両替は）小額紙幣でお願いします。

In small bills, please.
イン スモール ビルズ プリーズ
小額紙幣で　　　　　　　　お願いします

● 金種の表現

この表現は、両替で、お金の種類を指定する時に使う表現です。「in＋お金の種類」と覚えておいてください。

～で	小額紙幣	お願いします
	新札	
	硬貨	
	25セント硬貨	

In イン	small bills, スモール ビルズ	please. プリーズ
	new bills, ニュー ビルズ	
	coins, コインズ	
	quarters, クォーターズ	

[両替]に関連する語句

サインする	sign サイン	買う	buy バイ
高額紙幣	large bill ラージ　ビル	売る	sell セル
小額紙幣	small bill スモール　ビル	硬貨	coin コイン
新札	new bill ニュー　ビル	小銭	small change スモール　チェインジ
紙幣	note ノウト (英)	多額のお金	a large amount of money ア ラージ アマウント オブ マニー

会話コーナー

A: かしこまりました。こちらにサインをいただけますか？

B: ここですか？わかりました。

A: 両替はどのようにいたしましょうか？

B: 小額紙幣でお願いします。

A: OK. And could you countersign the checks there, please?
オウケイ アンド クッジュ カウンターサイン ザ チェック ゼア プリーズ

B: Here? OK.
ヒア オウケイ

A: How would you like your money?
ハウ ウッジュ ライク ユア マニー

B: In small bills, please.
イン スモール ビルズ プリーズ

バスで ㉛ 情報入手

ここの観光情報が入手できますか？

Can I get some information
キャンナイ　ゲット　サム　　　　インフォメイション
私は〜できますか／入手する／情報を

on local sights?
オン　ロウカル　サイツ
ここの観光地の

● **入手・予約の可能性を聞く表現**

この表現は「〜していただけますか」と相手に何かを頼む時に使う表現です。動詞を変えることによって色々使える表現です。

私は〜できますか	入手する	ここの観光地の情報を
		市内地図を
	予約する	ここでホテルを
		ここで観光ツアーを

Can I キャンナイ	get ゲット	some information on local sights? サム インフォメイション オン ロウカル サイト
		a city map? ア シティ マップ
	reserve リザーブ	a hotel here? ア ホテル ヒア
		a sight-seeing tour here? ア サイトシーイング トゥア ヒア

96

［観光案内所］に関連する語句

ホテル情報	hotel information ホテル インフォメイション	レストランクーポン	restaurant coupon レストラン キューポン
朝食付き宿泊所の情報	B&B information ビーアンドビー インフォメイション	割引クーポン	discount coupon ディスカウント キューポン
ツアー情報	tour information トゥア インフォメイション	市内／地域地図	city / area map シティ／エアリア マップ
バス／電車の時刻表	bus / train schedule バス／トレイン スケジュール	交通案内地図	transportation map トランスポーテイション マップ
安いホテルのリスト	a list of cheap hotels ア リスト オブ チープ ホテルズ	パンフレット	pamphlet / brochure パンフレット／ブロウシュア

会話コーナー

A: こんにちは。いらっしゃいませ。

B: ええ。ここの観光情報をいただけますか？

A: かしこまりました。こちらにここの観光情報を載せたパンフレットがございます。

A: Hello. Can I help you?
ハロウ キャンナイ ヘルプ ユー

B: Yes. Can I get some information on local sights?
イェス キャンナイ ゲット サム インフォメイション オン ロウカル サイト

A: Sure. Here are some pamphlets with things to see and do in the area.
シュア ヒア ラー サム パンフレッツ ウィズ シングス トゥ シー アンド ドゥ インザ エアリア

繁華街へ行くバスはどこで乗れますか？

Where can I catch the bus to downtown?

ホエア	キャンナイ	キャッチ	ザ	バス	トゥ ダウンタウン
どこでできますか		乗る	バスに		繁華街行きの

●乗り場を探す表現

この表現は、「〜行きの〜には、どこで乗れますか」と乗り物の乗車場所を尋ねる時に使う表現です。

どこで〜できますか	乗る	繁華街行きのバスに
		ロイヤルホテル行きのバスに
	乗る	空港行きの電車に
		繁華街行きの地下鉄に

Where can I ホエア キャンナイ	catch キャッチ	the bus to downtown? ザ バス トゥ ダウンタウン
		the bus to the Royal Hotel? ザ バス トゥ ザ ロイアル ホテル
	get ゲット	the train to the airport? ザ トレイン トゥ ジ エアポート
		the subway to downtown? ザ サブウェイ トゥ ダウンタウン

[乗り物]に関連する語句

バス停	the bus stop ザ バス ストップ	電車の駅	the train station ザ トレイン ステイション
送迎用小型バス	limousine リムジン	地下鉄の駅	the subway station ザ サブウェイ ステイション
マイクロバス	minibus ミニバス	バス停	the bus station ザ バス ステイション
～ホテルのバス	__ Hotel bus ホテル バス	～広場	__ Square スクエア
各駅停車のバス	local bus ロウカル バス	～ビル	the __ building ザ ビルディング

会話コーナー

A:繁華街行きのバスにはどこで乗れますか？

B:このビルを出たところです。あそこのドアを出て左に曲がってください。

A:ありがとうございます。

B:どういたしまして。

A: Where can I catch the bus to downtown?
ホエア キャンナイ キャッチ ザ バス トゥ ダウンタウン

B: Just outside the building. Go out those doors and turn left.
ジャスト アウトサイド ザ ビルディング ゴウ アウト ゾーズ ドアーズ アンド ターン レフト

A: Thank you.
サンキュ

B: You're welcome.
ユア ウェルカム

バスで

㉝ 運行回数と所要時間

繁華街行きのバスはどのくらい（の頻度で）出ますか？

How often do the buses leave for downtown?

ハウ オフン ドゥ ザ バスィーズ
どのくらいの回数　　　　　バスは〜しますか

リーブ　フォア　ダウンタウン
繁華街に向けて出発する

● バスの運行について聞く表現

乗り物の運行回数（頻度）と所要時間を聞くにはそれぞれ how often, how long が入った表現を使います。

どのくらいの回数	バスは〜しますか	繁華街に向けて出発する
		来る
どのくらい長く	時間がかかりますか	繁華街に着くのに
		ここからは

How often ハウ オフン	do the buses ドゥ ザ バスィーズ	leave for downtown? リーブ フォア ダウンタウン
		come? カム
How long ハウ ロング	does it take ダズ イット テイク	to get downtown? トゥ ゲット ダウンタウン
		from here? フロム ヒア

[乗り物]に関連する語句

路面電車	trolley トラーリ	~ショッピングセンター	__ Mall モール
往復運転の乗り物	shuttle シャトル	~ホテル	__ Hotel ホテル
出発する	depart ディパート	~滝	__ Falls フォールズ
会議場	the convention center ザ コンベンション センタ	~教会	__ Church チャーチ
展示場	the exhibition ground ジ エグジビッション グラウンド	旅行	trip トリップ

会話コーナー

A: 繁華街行きのバスはどのくらい出ますか？

A: How often do the buses leave for downtown?
ハウ オフン ドゥ ザ バスィーズ リーブ フォア ダウンタウン

B: 20分おきです。

B: Every twenty minutes.
エブリ トゥウェンティー ミニッツ

A: 繁華街までどのくらいかかりますか？

A: How long does it take to get downtown?
ハウ ロング ダズ イット テイク トゥ ゲット ダウンタウン

B: 30分くらいです。

B: About half an hour.
アバウト ハーフ アナウア

繁華街へ行くには このバスでいいですか？

Can I use this bus to go downtown?
キャンナイ　ユーズ　ジス　バス　トゥ　ゴウ　ダウンタウン
私は〜できますか　このバスを使う　　　　　繁華街へ行くのに

●行き先確認の表現

この表現は「私は〜へ行けますか」と聞くことで乗り物の行き先を確かめる表現です。

私は〜 できますか	このバスを使う	繁華街へ行くのに
		空港までずっと
	着く（行く）	クリアビューショッピングセンターに
		緑の地下鉄線に

Can I キャンナイ	use this bus ユーズ ジス バス	to go downtown? トゥ ゴウ ダウンタウン
		all the way to the airport? オール ザ ウェイ トゥ ジ エアポート
	get to ゲッ トゥ	the Clearview Mall? ザ クリアビュー モール
		the green subway line? ザ グリーン サブウェイ ライン

[乗り物]に関連する語句

時刻表	timetable タイム ティブル	準急行	semi-express セミ エクスプレス
路線図	route map ルート マップ	各駅停車	local train ロウカル トレイン
車両	(train) car トレイン カー	通勤電車	commuter train コミューター トレイン
～駅	__ station ステイション	東京行きのバス	the bus bound for Tokyo ザ バス バウンド フォー トーキョー
急行	express train エクスプレス トレイン	～の前	in front of __ イン フロント オブ

会話コーナー

A: 繁華街に行くにはこの電車でいいですか？

B: いいえ。これは、ウィートフィールドまでしか行きません。急行に乗ってください。次の電車まで待ってください。「中央商業地区」と書いてある電車です。

A: ありがとうございます。

A: Can I use this train to go downtown?
キャン アイ ユーズ ジス トレイン トゥ ゴウ ダウンタウン

B: No. It only goes as far as Wheatfield. You need the express train. You need to wait for the next train. It'll say "Central Business District" on it.
ノウ イット オンリー ゴウズ アズ ファー ラズ ウィートフィールド ユー ニード ジ エクスプレス トレイン ユー ニード トゥ ウェイト フォア ザ ネックスト トレイン イットル セイ セントラル ビジネス ディストリクト オン イット

A: Thank you.
サンキュ

103

バスで ㉟ 切符を買う

切符はどうやって買うのですか？

How do I buy a ticket for the bus?
ハウ　ドゥ　アイ　バイ　ア　ティケット　フォア　ザ　バス
どうやって私は〜しますか　買う　バスの切符を

● 切符の買い方を尋ねる表現

この表現は「どうやって私は〜しますか」という表現で料金の支払い方法を聞く時に使う表現です。

どうやって私は〜しますか	買う	バスの切符を
		地下鉄の切符を
	支払いをする	バスの
		電車の

How do I	buy	a ticket for the bus?
ハウ ドゥ アイ	バイ	ア ティケット フォア ザ バス
		a subway token?
		ア サブウェイ トークン
	pay for	the bus?
	ペイ フォア	ザ バス
		the train?
		ザ トレイン

[料金]に関連する語句

売店	kiosk / newsstand キーアスク/ニューズスタンド	券売機	ticket machine ティケット マシーン
運賃ちょうどの小銭	exact change イグザクト チェインジ	行き先	destination デスティネイション
自動販売機	vending machine / autovendor ベンディング マシーン/オウトベンダー	ボタンを押す	push a button プッシュ ア ボタン
乗車時払い	pay now ペイ ナウ	一つづりの回数券	book of tickets ブック オブ ティケッツ
降車時払い	pay later ペイ レイター	乗り継ぎ切符	transfer (ticket) トランスファー (ティケット)

会話コーナー

A: バスの切符はどうやって買うのですか？

A: How do I buy a ticket for the bus?
ハウ ドゥ アイ バイ ア ティケット フォア ザ バス

B: バスに乗る時に切符を取って、降りる時に運転手に払ってください。

B: You take a ticket when you get on the bus. Then you pay the driver when you get off.
ユー テイク ア ティケット ホエン ユー ゲット オン ザ バス ゼン ユー ペイ ザ ドライバー ホエン ユー ゲット オフ

A: 運賃ぴったりの小銭が必要ですか？
B: いいえ。バスでおつりをもらえます。

A: Do I need exact change?
ドゥ アイ ニード イグザクト チェインジ

B: No. You can get change on the bus.
ノウ ユー キャン ゲット チェインジ オン ザ バス

105

バスで
㊱ バスを降りる

すみません。ここで降りたいのですが。

Excise me? I'd like to get off here.
エクスキューズ ミー　アイドゥ ライク トゥ ゲット オフ ヒア
すみません　／　私は〜したい　／　降りる　／　ここで

●降りる時の表現

バスを降りたいことを知らせる時に使う表現です。また、知らせる方法を聞くことも必要です。それぞれの文の仕組みは次のようになります。

私は〜したい	降りる	ここで
		次の停留所で
私はどうやって〜できますか	知らせる	私が降りることを
		運転手に停まるよう

I'd like to アイドゥ ライク トゥ	get off ゲット オフ	here. ヒア
		at the next stop. アット ザ ネックスト ストップ
How can I ハウ キャン アイ	signal シグナル	I'm getting off? アイム ゲッティング オフ
		the driver to stop? ザ ドライバー トゥ ストップ

［バスの降車］に関連する語句

押す	push ブッシュ	運転手	driver ドライバー
ボタン	button ボタン	降りる	step down ステップ ダウン
引く	pull プル	足元注意	Watch your step. ウォッチ ユア ステップ
紐	cord コード	隙間に注意	Mind the gap. マインド ザ ギャップ
伝える	tell テル	料金箱	fare box フェア ボックス

会話コーナー

A: すみません、ここで降りたいのですが。

B: えっ。次回から、降りたい時には、その紐を引いてください。

A: この紐ですか？ああ、わかりました。すみません。

B: いえ、かまいませんよ。

A: Excuse me? I'd like to get off here.
エクスキューズ ミー アイドゥ ライク トゥ ゲッ
オフ ヒア

B: Oh. Next time pull the cord when you want to get off.
オウ ネックスト タイム プル ザ コード
ホエン ユー ウォント トゥ ゲット オフ

A: This cord? Oh, OK. Sorry.
ジス コード オウ オウケイ ソリー

B: No problem.
ノウ プロブレム

どこでタクシーに乗れますか？

Where can I get a taxi?

ホエア　　　　　キャンナイ　　　ゲット　ア　　タクシー
どこで私は～できますか　　　　得る　　タクシーを

●乗り場所を尋ねる表現

この表現は「どこで～できますか」と聞くことで、タクシーや送迎バスを探す時に使う表現です。

どこで私は〜できますか	得る	タクシーを
		送迎バスを
	見つける	タクシー専用電話を
		送迎バスカウンターを

Where can I ホエア　キャンナイ	get ゲット	a taxi ア タクシー
		a limousine? ア リムジン
	find ファインド	the taxi phone? ザ タクシー フォウン
		the limousine service counter? ザ リムジン サービス カウンター

[乗り物]に関連する語句

タクシー	cab キャブ	前払い	pre-paid プリ ペイド
捕まえる	catch キャッチ	空車	for hire フォア ハイアー
タクシー乗り場	taxi stand タクシースタンド	身分証明書	identification (ID) アイデンティフィケイション (アイディー)
列	line ライン	相乗り	shared シェアード
タクシーを待つ列	taxi queue (Q) タクシーキュー キュー	おつり	change チェインジ

会話コーナー

A: どこでタクシーに乗れますか？
B: この前にたくさん止まっていますよ。でも、無許可タクシーに気をつけてください。運転手に身分証明書を見せて欲しいと頼んだ方がいいですよ。
A: そうですか、わかりました。ありがとう。

A: Where can I get a taxi?
ホエア　キャンナイ ゲット ア タクシー

B: There are lots of them out front. But be careful of unlicensed cabs. Ask to see the driver's ID.
ゼアラ　ロッツ オブ ゼム アウト フロント　バット ビー ケアフル オブ アンライセンスト キャブズ アスク トゥ シー ザ ドライバーズ アイディー

A: Oh, OK. Thanks.
オウ オウケイ サンクス

タクシーで 乗る

ロイヤルホテルまでいくらですか？

How much to the Royal Hotel?
ハウ　　マッチ　　トゥ　ザ　　ロイアル　　ホテル

いくら　　　　　　　〜まで　ロイヤルホテル

●料金・行き先の表現

この表現は、「〜まではいくらですか」と料金を尋ねる時に使う表現です。料金が納得できれば「〜までお願いします」と頼むことになります。

いくら	〜まで	ロイヤルホテル
		会議場
	〜まで	ロイヤルホテル、お願いします
		空港、お願いします

How much ハウ　マッチ	to トゥ	the Royal Hotel? ザ　ロイアル　ホテル
		the convention center? ザ　コンベンション　センター
	To トゥ	the Royal Hotel, please. ザ　ロイアル　ホテル　プリーズ
		the airport, please. ジ　エアポート　プリーズ

[タクシー]に関連する語句

固定料金	fixed price フィックスト プライス	交通量	traffic トラフィック
均一料金	flat rate フラット レイト	渋滞	traffic jam トラフィック ジャム
券	ticket ティケット	渋滞中	congested コンジェスティッド
料金メーター	meter ミーター	この時間帯	this time of day ジス タイム オブ デイ
料金メーターを入れる	turn on the meter ターン オン ザ ミーター	荷物代	baggage charge バゲッジ チャージ

会話コーナー

A: タクシー運転手の証明書を見せてもらえますか？

B: はい、もちろん。

A: ありがとう。ロイヤルホテルまでいくらですか？

B: 25ドルくらいです。混雑の具合によりますけど。

A: わかりました。ロイヤルホテルまでお願いします。

A: Can I see your driver's I.D. please?
キャンナイ シー ユア ドライバーズ アイディー プリーズ

B: Yes, of course.
イェス オブ コース

A: Thanks. How much to the Royal Hotel?
サンクス ハウ マッチ トゥ ザ ロイアル ホテル

B: About $25.00. Depends on traffic.
アバウト トゥウェンティーファイブ ダラーズ ディペンズ オン トラフィック

A: OK. To the Royal Hotel, please.
オウケイ トゥ ザ ロイアル ホテル プリーズ

タクシーで ㊴ 降りる

おつりは受け取ってください。

Please keep the change.
プリーズ　　　キープ　　ザ　　チェインジ
〜してください　とっておく　　おつりを

● **降りる時の表現**

　この表現は「〜してください」と丁寧に相手に頼む時に使う表現です。「〜していいですか」と許可を求める形で依頼することもあります。

どうぞ	とっておく	おつりを
	止まる	ここで
私は〜できますか	置く	私の鞄をトランクに
	支払う	クレジットカードで

Please プリーズ	keep キープ	the change. ザ チェインジ
	stop ストップ	here. ヒア
Can I キャンナイ	put プット	my bags in the trunk? マイ バッグ インザ トランク
	pay ペイ	by credit card? バイ クレジット カード

112

［タクシー］に関連する語句

曲がる	turn ターン	ここで降りる	let me out here レット ミー アウト ヒア
左	left レフト	トランク	trunk トランク
右	right ライト	鍵がかかった	locked ロックト
直進する	go straight ゴウ ストレイト	ドアの鍵を開ける	unlock the door アンロック ザ ドア
もう少し先	a little further ahead ア リトル ファーザー アヘッド	高額紙幣	large bill ラージ ビル

会話コーナー

A: はい、どうぞ。おつりは受け取ってください。

A: Here you are. Please keep the change.
ヒア ユー アー プリーズ キープ ザ チェインジ

B: ありがとうございます。お客さんは気前がいいですね。ほとんどのお客さんは一割しかくださいませんよ。

B: Thank you, Ma'am. You're very generous. Most people only give me 10%.
サンキュ マム ユアー ヴェリー ジェネラス モウスト ピープル オンリー ギブミー テンパーセント

A: そうですか。どういたしまして。

A: Oh. You're welcome.
オウ ユーアー ウェルカム

デンバー行きの切符を2枚お願いします。

Two tickets to Denver, please.

トゥー　ティケッツ　トゥ　デンバー　プリーズ
2枚　切符　デンバー行きの　お願いします

●行先・種類などの表現

この表現は「〜行きの切符を〜枚ください」と、切符を買う時に使う表現です。

2枚	切符	デンバー行きの、お願いします
	往復	
	片道	
	一等車	

Two トゥー	tickets ティケッツ	to Denver, please. トゥ デンバー　プリーズ
	round-trip tickets ラウンド トリップ ティケッツ	
	one-way tickets ワン ウェイ ティケッツ	
	first class tickets ファースト クラス ティケッツ	

［電車・長距離バス］に関連する語句

時刻表	timetable タイムテーブル	夜行列車	overnight train オーバーナイト　トレイン
片道	single/one-way シングル / ワン　ウェイー	急行列車	express train エクスプレス　トレイン
往復	return/round-trip リターン / ラウンド　トリップ	仕切り客室	compartment コンパートメント
ホーム （5番ホーム）	platform 　　(Platform 5) プラットフォーム （プラットフォームファイブ）	寝台	sleeping berth スリーピング　バース
線（5番線）	track (Track 5) トラック（トラックファイブ）	食堂営業	dinner service ディナー　サービス

会話コーナー

A:デンバー行きの切符を2枚お願いします。

A: Two tickets to Denver, please.
トゥー　ティケッツ　トゥ　デンバー　プリーズ

B:片道ですか、往復ですか？

B: Single or return?
シングル　オア　リターン

A:往復っていうのは、行って戻ってくるっていう意味ですよね？　片道で、お願いします。

A: Return means there and back, right? Single only, please.
リターン　ミーンズ　ゼア　アンド　バック　ライト　シングル　オンリー　プリーズ

B:はい、わかりました。

B: Sure.
シュア

宿泊

41 ホテルを探す①

駅の近くに泊まりたいのですが。

I'd like to stay near the train station.
アイドゥ ライク トゥ ステイ ニア ザ トレイン ステイション
私は〜したい / 泊まる / 電車の駅の近くに

● ホテルを探す時の表現

この表現は、ホテルを探す際に、どんなホテルに泊まりたいのかを伝える表現です。

私は〜したい	泊まる	電車の駅の近くに
		どこか安いところに
	得る	眺めのいい部屋
		シャワー付きの / 風呂付きの部屋

I'd like to アイドゥ ライク トゥ	stay ステイ	near the train station. ニア ザ トレイン ステイション
		somewhere cheap. サムホエア チープ
	get ゲット	a room with a view. ア ルーム ウィズ ア ビュー
		a room with a shower / bath. ア ルーム ウィズ ア シャウア / バス

[宿泊施設]に関連する語句

川	river リバー	手頃な料金の	reasonably priced リーゾナブリー プライスト
主な観光地	main tourist sights メイン トゥーリスト サイツ	快適で高くない	nice but not expensive ナイス バット ノットエクスペンシブ
伝統的な	traditional トラディッショナル	朝食付き	with breakfast ウィズ ブレックファスト
現代風の	modern モダン	エアコン	air conditioner エア コンディショナー
安全な	safe セイフ	海の景色	ocean view オーシャン ビュー

会話コーナー

A: 駅の近くに泊まりたいのですが。

B: 実際のところ、そこは安全な地域ではありません。繁華街に安くて便のいいホテルが何軒かありますが。

A: わかりました。空き部屋があるかどうか調べていただけますか？

A: I'd like to stay near the train station.
アイドゥ ライク トゥ ステイ ニア ザ トレイン ステイション

B: That's actually not a safe area. There are some hotels downtown that are cheap and very convenient.
ザッツ アクチュアリー ノット ア セイフ エアリア ゼアラ サム ホテルズ ダウンタウン ザット アー チープ アンド ベリー コンビニエント

A: OK. Can you see if they have any rooms free?
オウケイ キャン ユー シー イフ ゼイ ハブ エニイ ルームズ フリー

もっと安いホテルはありませんか？

Can you recommend a cheaper hotel?

キャン ユー レコメンド
あなたは〜できますか 勧める

ア チーパー ホテル
もっと安いホテルを

●相手に意見を求める表現

この表現は「あなたは〜を勧められますか」と質問することで、「〜があったら教えてください」と伝えたい時に使う表現です。

あなたは〜できますか	勧める	もっと安いホテルを
		もっと便利なところを
	提案する	いい朝食付き宿泊所を
		泊まるのにいいところを

Can you キャン ユー	recommend レコメンド	a cheaper hotel? ア チーパー ホテル
		a more convenient place? ア モア コンビニエント プレイス
	suggest サジェスト	a good Bed and Breakfast (B&B)? ア グッド ベッド アンド ブレックファスト (ビー アンド ビー)
		a good place to stay? ア グッド プレイス トゥ ステイ

［宿泊施設］に関連する語句

清潔な	clean クリーン	（山荘風）ホテル	lodge ロッジ
安価なホテル	budget hotel バジェット　ホテル	キャンプ場	campground キャンプグラウンド
若者向け簡易宿泊所	backpacker's hostel バックパッカーズ　ホステル	寮	dormitory ドーミトリー
食事付き下宿	pension ペンション	旅館・高級下宿	guest house ゲスト　ハウス
カー旅行者用ホテル	motel モウテル	小規模ホテル・宿屋	inn イン

会話コーナー

A: もっと安いホテルはありませんか？

B: そうですね、もっと安いところは少しありますが、あまりいいところではありません。B&Bはいかがですか？

A: 手ごろなものなら、それでいいですよ。

A: Can you recommend a cheaper hotel?
キャン　ユー　レコメンド　ア　チーパー　ホテル

B: Well there are a few cheaper ones but they're not very nice. How about a B&B?
ウェル　ゼアラ　ア　フュー　チーパー　ワンズ　バット　ゼイアー　ノット　ベリー　ナイス　ハウ　アバウト　ア　ビーアンドビー

A: If it's reasonable, that's fine.
イフ　イッツ　リーゾナブル　ザッツ　ファイン

今夜、部屋はありますか？

Do you have a room for tonight?
ドゥ ユー ハブ ア ルーム フォア トゥナイト
あなたは〜ですか 部屋を持つ 今夜泊まる

●部屋の条件を聞く表現

この表現は、「〜はありますか」と探しているものがあるかどうかを尋ねる時に使う表現です。

あなたは〜ですか	部屋を持つ	今夜泊まる
		風呂付きの
	持つ	もっと安いところ
		禁煙室を

Do you ドゥ ユー	have a room ハブ ア ルーム	for tonight? フォア トゥナイト
		with a bath? ウィズ ア バス
	have ハブ	anything cheaper? エニシング チーパー
		a non-smoking room? ア ノン スモウキング ルーム

[宿泊施設]に関連する語句

シングルベッドの部屋	single (room) シングル　ルーム	冷蔵庫	fridge フリッジ
ダブルベッドの部屋	double (room) ダブル　ルーム	台所	kitchen / kitchenette キッチン / キッチネット
ツインベッドの部屋	twin (room) トゥウィン　ルーム	ベビーベッド	cot / crib コット（英）／クリブ（米）
（別荘風）ホテル	cottage コッテッジ	折りたたみベッド	pull-out bed プル　アウト　ベッド
トイレ	toilet トイレット	ランドリーサービス	laundry service ラウンドリー　サービス

会話コーナー

A: 今夜、部屋はありますか？
A: Do you have a room for tonight?
ドゥ　ユー　ハブ　ア　ルーム　フォア　トゥナイト

B: シングルがひとつだけございます。
B: Just one single.
ジャスト　ワン　シングル

A: お風呂は付いていますか？
A: Does it have a bath?
ダズ　イット　ハブ　ア　バス

B: いえ、シャワーだけです。
B: No, only a shower.
ノウ　オンリー　ア　シャウア

A: 部屋を見せていただけますか？
A: Can I see it?
キャナイ　シー　イット

宿泊 44 部屋の希望

シングルで二晩泊まりたいのですが。

I'd like a single for two nights.

アイドゥ ライク　ア　シングル　　フォア　トゥー　ナイツ
私は〜がほしい　シングルベッドの部屋　二晩

● 部屋の条件を伝える表現

　この表現は希望の条件を伝えてホテルの予約をとる時に使う表現です。

私は〜がほしい	シングルの部屋	二晩
	ツインの部屋	風呂付きの
	ダブルの部屋	海の景色が見える
	禁煙室	大人二人、子供二人用の

I'd like アイドゥ ライク	a single ア シングル	for two nights. フォア トゥー ナイツ
	a twin ア トゥイン	with a bath. ウィズ ア バス
	a double ア ダブル	with an ocean view. ウィズ アン オーシャン ビュー
	a non-smoking room ア ノン スモウキング ルーム	for two adults and two children. フォア トゥー アダルツ アンド トゥー チルドレン

[宿泊施設]に関連する語句

ツインベッドの部屋	twin (room) トゥウィン ルーム	山	mountain マウンテン
スイートルーム	suite スウィート	湖	lake レイク
中扉で繋がった部屋	connecting rooms コネクティング ルームズ	朝食付き	including breakfast インクルーディング ブレックファスト
喫煙	smoking スモウキング	ミニバー	minibar ミニバー
海に面した	facing the ocean フェイシング ジ オーシャン	ルームサービス	room service ルーム サービス

会話コーナー

A: シングルルームを二晩お願いします。

A: I'd like a single for two nights.
アイドゥ ライク ア シングル フォア トゥー ナイツ

B: かしこまりました。喫煙用と禁煙用とどちらでしょうか？

B: Certainly. Will that be a smoking or non-smoking room?
サートゥンリー ウィル ザット ビー ア スモウキング オア ノン スモウキング ルーム

A: 禁煙用でお願いします。

A: Non-smoking, please.
ノン スモウキング プリーズ

宿泊

45 部屋の料金

シングルは一晩いくらですか？

How much is a single room
ハウ　マッチ　　イズ　ア　シングル　　ルーム
いくらですか　　　　　　　シングルルームは

for one night?
フォア　ワン　ナイト
一晩

●条件毎の料金を表現

この表現は、「〜は〜でいくらですか」と条件を付けて宿泊料金を聞く時に使う表現です。

いくらですか	シングルルームは	一晩
		一週間
	ユニットは	海岸近くの
		家族用の

How much is ハウ　マッチ　イズ	a single room ア シングル　ルーム	for one night? フォア　ワン　ナイト
		for a week? フォア　ア　ウィーク
	a unit ア ユニット	near the beach? ニア　ザ　ビーチ
		for a family? フォア　ア　ファミリー

[宿泊料金]に関連する語句

一人当たり	per person	単身用料金	single occupancy
一部屋当たり	per room	二人用料金	double occupancy
半額	half price	～込み	including ___
20%引	20% discount	～抜き	excluding ___
税加算	plus tax	サービス料	service charge

会話コーナー

A: シングルは二晩でいくらですか？

B: シングルの空きはございませんが、ダブルを二晩、シングルの料金でご利用いただけます。一晩当たり100ドルでございます。

A: わかりました。それにします。

A: How much is a single room for two nights?

B: We don't have any single rooms available but I can give you a double for two nights at the single occupancy rate. It's $100 per night.

A: OK. I'll take it.

料金は朝食込みですか？

Does the room rate include breakfast?
ダズ　ザ　ルーム　レイト　インクルード　ブレックファスト
部屋代は〜ですか　　　　　　　含む　　　　朝食を

● 料金の詳細を聞く表現

　この表現は「〜に〜は含まれますか」と料金の詳細を尋ねる時の表現です。

部屋の料金は〜ですか	含む	朝食を
		税金を
		すべてのホテル施設の使用料を
		空港への迎え / 送り

Does the room rate ダズ　ザルーム　レイト	include インクルード	breakfast? ブレックファスト
		tax? タックス
		use of all hotel facilities? ユース　オブ　オール　ホテル　ファシリティーズ
		airport pick-up / drop-off? エアポート　ピック　アップ　ドロップ　オフ

宿泊　46 料金の確認

[宿泊料金]に関連する語句

地方税	local tax ロウカル タックス	昼食	lunch ランチ
ホテル税	hotel tax ホテル タックス	海岸使用	use of the beach ユース オブ ザ ビーチ
追加料金	any surcharges エニイ サーチャージズ	レンタサイクル料	bicycle rentals バイスクル レンタルズ
追加料金	additional charge アディッショナル チャージ	コーヒー/紅茶	coffee / tea コーフィ ティー
夕食	dinner ディナー	リフト券	lift ticket リフト ティケット

会話コーナー

A: 料金は朝食込みですか？

A: Does the room rate include breakfast?
ダズ ザ ルーム レイト インクルード ブレックファスト

B: いいえ、そうではありません。ご朝食は一階レストランで、別料金にてご利用いただけます。

B: No, it doesn't. Breakfast is available in the 1st floor restaurant at an additional charge.
ノウ イット ダズント ブレックファスト イズ アベイラブル イン ザ ファーストフロア レストラン アット アン アディッショナル チャージ

A: ありがとうございます。

A: Thank you.
サンキュ

予約してあります。

I have a reservation.
アイ ハブ ア レザベイション
私は 持つ 　 予約を

●予約の状況を伝える表現

この表現はホテルの受付で予約の状況を伝える時の表現です。「今～があります」という言い方と、「予約を～でしました」という言い方があります。

私は	持つ	予約を
		宿泊券を
	予約をしました	インターネットで
		電話で

I	have	a reservation.
アイ	ハブ	ア レザベイション
		a voucher.
		ア バウチャー
	made my reservation	on the Internet.
	メイド マイ レザベイション	オン ジ インターネット
		over the phone.
		オーバー ザ フォウン

[チェックイン]に関連する語句

受付	front desk フロント デスク	ファックスで	by fax バイ ファックス
予約番号	a reservation number ア レザベイション ナンバ	予約する	book ブック
クーポン	coupon キューポン	チェックインの時間	check-in time チェック イン タイム
学生証	student card スチューデント カード	旅行業者を通して	through my travel agent スルー マイ トラベル エイジェント
確認済み	confirmed コンファームド	ホテル予約受付で	at the hotel reservation counter アット ザ ホテル レザベイション カウンター

会話コーナー

A:こんにちは。予約してあります。伊藤と申します。(綴りは) アイ・ティー・オウです。

B:はい、伊藤様。ツインを3泊でございますね。お支払い方法はどうされますか?

A:クレジットカードです。

A: Hello. I have a reservation.
ハロウ アイ ハブ ア レザベイション

My name is Ito: I-T-O.
マイ ネイム イズ イトウ アイ ティー オウ

B: Yes, Mr. Ito….A twin for
イェス ミスター イトー ア トゥイン フォア

three nights. And how will you
スリー ナイツ アンド ハウ ウィル ユー

be paying?
ビー ペイング

A: By credit card.
バイ クレディット カード

部屋のカードキーは どう使うのですか？

How do I use the room card key?
ハウ　　ドゥ　アイ ユーズ　ザ　　ルーム　　カード　キー
どうやって　私は〜ですか　使う　部屋のカードキーを

● **カードキーの使い方などを聞く表現**

この表現は、使い方や行き方など、何かの方法を尋ねる時に使う表現です。

どうやって	私は〜しますか	使う	部屋のカードキーを
			ミニバーを
	私は〜できますか	着く	プールに
			私の部屋に

How ハウ	do I ドゥアイ	use ユーズ	the room card key? ザ　ルーム　カード　キー
			the minibar? ザ　ミニバー
	can I キャンナ イ	get to ゲットゥ	the pool? ザ　プール
			my room? マイ　ルーム

[ホテル施設]に関連する語句

別館	annex アネックス	ベルボーイ	bell staff (bellboy) ベル スタッフ (ベルボーイ)
東館	East wing イースト ウィング	金庫	safety deposit box セイフティー ディポジット ボックス
ロビー	lobby ロビー	駐車スペース	parking space パーキング スペイス
宿泊を延長する	extend my stay エクステンド マイ ステイ	手配する	arrange アレンジ
予約の変更をする	change my reservation チェインジ マイ レザベイション	空港への送迎サービス	airport limousine service エアポート リムジン サービス

会話コーナー

A: 部屋のカードキーはどう使うのですか？

A: How do I use the room card key?
ハウ ドゥ アイ ユーズ ザ ルーム カード キー

B: カードを差し込んで、ランプが緑になったら引き抜いてください。それから、ドアを開けてください。

B: You insert the card and pull it out when the light turns green. Then you open the door.
ユー インサート ザ カード アンド プル イット アウト ホエン ザ ライト ターンズ グリーン ゼン ユー オープン ザ ドア

A: ありがとうございます。

A: Thank you.
サンキュ

ホテルで ㊾部屋で

エアコンはどうやってつけるのですか？

How do I turn on the air conditioner?
ハウ　ドゥ　アイ　ターン　オン　ジ　エア　コンディショナー
どうやって／私は〜しますか／電源を入れる／エアコンの

●エアコンの操作方法などを聞く表現

この表現は部屋のエアコンや窓の扱い方などがわからない時に聞く表現です。

どうやって	私は〜しますか	電源を入れる	エアコンの
		電源を切る	
	私は〜できますか	開ける	窓を
		閉じる	

How	do I	turn on	the air conditioner?
ハウ	ドゥ アイ	ターン オン	ジ エア コンディショナー
		turn off	
		ターン オフ	
	can I	open	the window?
	キャン ナイ	オープン	ザ ウィンドウ
		close	
		クロウズ	

[ホテル]に関連する語句

注文する	order オーダー	ドライヤー	hair dryer ヘア ドライアー
ルームサービス	room service ルーム サービス	コーヒー(紅茶)を入れる	make coffee / tea メイク コーフィ/ティー
ランドリーサービス	laundry service ローンドリ サービス	電話をかける	make a call メイカ コール
クリーニングサービス	dry cleaning service ドライ クリーニング サービス	市内電話	local call ロウカル コール
お湯	the hot water ザ ホット ウォータ	国際電話	international call インタナショナル コール

会話コーナー

A:国際電話はどうかけるのですか？

B:受話器を持ち上げて、ゼロをダイヤルしてください。それから電話番号をダイヤルします。日本の国コード番号はご存知ですか？

A:はい。８１です。

A: How do I make an
ハウ ドゥ アイ メイク アン
international call?
インタナショナル コール

B: You just pick up the phone,
ユー ジャスト ピック アップ ザ フォウン
dial "0", and then dial the
ダイアル ゼロウ アンド ゼン ダイアル ザ
number. Do you know the
ナンバ ドゥ ユー ノウ ザ
country code for Japan?
カントリー コード フォア ジャパン

A: Yes. It's 81.
イェス イッツ エイティワン

食事代は部屋につけてください。

I'd like to charge the meal to my room, please.

アイドゥ ライク トゥ **チャージ** ザ ミール
私は〜したい 〜のつけにする 食事代を
トゥ マイ **ルーム** プリーズ
私の部屋に お願いします

● 部屋代につけてもらう時の表現

この表現は、ホテルで「費用を部屋代につけておきたい」と伝える時に使う表現です。その際には、「〜に滞在しています」と部屋の番号をいう文が続きます。

私は〜したい	〜につける	食事代を私の部屋に	お願いします
		それを私の勘定に	
私は〜している	滞在する	1221号室に	
		ロイヤルホテルに	

I'd like to アイドゥ ライク トゥ	charge チャージ	the meal to my room, ザ ミール トゥ マイ ルーム	please. プリーズ
	put プット	it on my bill, イット オン マイ ビル	
I'm アイム	staying ステイング	in room 1221. イン ルーム トゥウェルブ トゥウェンティーワン	
		at the Royal Hotel. アット ザ ロイアル ホテル	

ホテルで ㊿ 支払い方法

［ホテル施設］に関連する語句

フィットネスセンター	fitness center フィットネス センタ	ビュッフェ	buffet バフェイ
ビジネスセンター	business center ビジネス センタ	花屋	florist's フローリスツ
ケーブルテレビ	cable TV ケイブル ティービー	レンタルデッキチェア料	deckchair rentals デッキチエア レンタルズ
バー	bar バー	プール	pool プール
売店	gift shop ギフト ショップ	接待係	concierge コンシエージ

会話コーナー

A: 食事代は部屋代につけてください。

B: かしこまりました。お部屋番号は何番でございますか？

A: 1221号室に泊まっています。

B: はい、ありがとうございます。

A: I'd like to charge the meal to my room, please.
アイドゥ ライク トゥ チャージ ザ ミール トゥ マイ ルーム プリーズ

B: Certainly. What's your room number?
サートゥンリー ホワッツ ユア ルーム ナンバ

A: I'm staying in room 1221.
アイム ステイイング イン ルーム トゥウェルブトゥウェンティーワン

B: OK. Thank you.
オウケイ サンキュ

ホテルで 51 部屋の苦情を伝える

エアコンで困っています。

I have a problem
アイ ハブ ア プロブレム
私は 持つ 問題を

with my air conditioner.
ウィズ マイ エア コンディショナー
エアコンに

●エアコンなどの苦情を伝える表現

これは、「〜に問題がある」と不具合で困っている時に苦情を伝えるための表現です。「〜が欲しい」と直接要望を述べて苦情を伝えることもできます。

私は	持つ	問題を	エアコンに
			冷蔵庫に
私は〜したい	得る	新しいシーツ	
		新しい部屋	

I アイ	have ハブ	a problem ア プロブレム	with my air conditioner. ウィズ マイ エア コンディショナー
			with my fridge. ウィズ マイ フリッジ
I'd like to アイドゥ ライク トゥ	get ゲット	some new sheets. サム ニュー シーツ	
		a new room. ア ニュー ルーム	

[ホテル施設]に関連する語句

ヒーター	heater ヒータ	電話	phone フォウン
窓	window ウィンドウ	シャワー	shower シャウア
扉	door ドア	洗面台	sink シンク
トイレ	toilet トイレット	蛇口	faucet フォーセット
鍵	lock ロック	浴槽	bathtub バスタブ

会話コーナー

A: 鍵を持たずに出てしまいました。部屋に入れません。

B: 少々お待ちください。誰かをやって、ドアを開けさせます。

A: ありがとう。それから、エアコンで困っています。消せないんです。

A: I've locked myself out. I can't get in my room.
アイブ ロックト マイセルフ アウト アイ キャーント ゲット イン マイ ルーム

B: Just a moment and I'll get someone to open your door for you.
ジャスタ モーメン アンド アイル ゲット サムワン トゥ オープン ユア ドア フォア ユー

A: Thanks. And I have a problem with my air conditioner. It won't turn off.
サンクス アンド アイ ハブ ア プロブレム ウィズ マイ エア コンディショナー イット ウォーント ターン オフ

請求書に間違いがあると思います。

I think there's a mistake with my bill.

アイ シンク / ゼアズ / ア ミステイク / ウィズ マイ ビル
私は〜と思う / ある / 間違いが / 私の請求書に

●伝票などの苦情を伝える表現

この表現は、請求書に不備があることを伝える時の表現です。間違った料金を請求された時のために覚えておいてください。

私は〜と思う	ある	間違いが	私の請求書に
			電話代に
	この請求額は	間違っている	
		高すぎる	

I think アイ シンク	there's ゼアズ	a mistake ア ミステイク	with my bill. ウィズ マイ ビル
			in the phone call charge. イン ザ フォウン コール チャージ
	this charge is ジス チャージ イズ	wrong. ロング	
		too high. トゥー ハイ	

［ホテルの支払い］に関連する語句

税金	tax タックス	市内の	local ロウカル
雑費	incidentals インシデンタルズ	遠距離の	long distance ロング ディスタンス
サービス料	service charge サービス チャージ	バーの代金	bar charge バー チャージ
電話代	phone charge フォウン チャージ	映画	movie ムービー
通話	calls コールズ	領収書	receipt レシート

会話コーナー

A: チェックアウトをお願いします。
B: かしこまりました。

A: 請求書に間違いがあると思います。この料金は何ですか？

B: 国際電話料金です。

A: でも、電話は一度もかけませんでしたよ。

A: I'd like to check out, please.
アイドゥ ライク トゥ チェック アウト プリーズ

B: Certainly.
サートゥンリー

A: I think there's a mistake with my bill. What's this charge for?
アイ シンク ゼアズ ア ミステイク ウィズ マイ ビル ホワッツ ジス チャージ フォア

B: That's for an international call.
ザッツ フォア アン インタナショナル コール

A: But I didn't make any calls at all.
バット アイ ディドゥント メイク エニイ コールズ アット オール

銀行はこの近くにありますか？

Is there a bank around here?
イズ ゼア ラ　　　バンク　　　アラウンド　ヒア
ありますか　　銀行は　　　　この近くに

●近くにお店などの有無を尋ねる表現

この表現は「～はこの近くにありますか」と近隣にあるかどうかを聞く時の表現です。

ありますか	銀行は	この近くに
	レストランは	
	お店は	
	電話は	

Is there イズ ゼア	a bank ア バンク	around here? アラウンド　ヒア
	a restaurant ア レストラン	
Are there アー ゼア	any shops エニイ ショプス	
	any phones エニイ フォウンズ	

[街の様子]に関連する語句

ドラッグストア	drugstore / chemist ドラッグストア／ケミスト	通りの上手／下手	up / down the street アップ／ダウン ザ ストリート
郵便局	post office ポウスト オフィス	左側／右側	on your left / right オン ユア レフト／ライト
コインランドリー	Laundromat ローンドロマット	～の向かいに	across from ＿＿ アクロス フロム
インターネットカフェ	internet café インターネット カフェイ	～の隣に	next to ＿＿ ネックス トゥー
チケット販売所	ticket office ティケット オフィス	～の後ろに	behind ＿＿ ビハインド

会話コーナー

A:この近くに靴屋はありますか？

B:はい。この通りをちょっと上手に行ったところの左側に一軒あります。マクドナルドの横だったと思います。

A:ありがとうございます。

A: Is there a shoe store around here?
イズ ゼアラ シュー ストア アラウンド ヒア

B: Yes. There's one just up the street, on your left. I think it's next to a McDonald's.
イェス ゼアズ ワン ジャスト アップ ザ ストリート オン ユア レフト アイ シンク イッツ ネックス トゥ ア マクドーナルズ

A: Thanks.
サンクス

ここから海岸へは どうやって行くのですか？

How can I get to the beach from here?
ハウ　キャンナイ　ゲッ　トゥ　ザ　ビーチ　フロム　ヒア
どうやって／私は着くことができますか／ここから海岸に

●目的地への行き方を聞く表現

この表現は「ここからどうやって〜へ行けますか」と、目的地への行き方を尋ねる時に使う表現です。「〜で行けますか」と交通手段を尋ねることもあります。

どうやって	私は着くことができますか	ここから海岸に
		博物館に
私は行くことができますか		バスで埠頭に
		徒歩で埠頭に

How ハウ	can I get キャンナイ ゲット	to the beach from here. ツー ザ ビーチ フロム ヒア
		to the museum? ツー ザ ミュージーアム
Can I get キャンナイ ゲット		to the pier by bus? ツー ザ ピア バイ バス
		to the pier on foot? ツー ザ ピア オン フット

[観光地]に関連する語句

乗る	get on ゲット オン	～と～間の運行	service between ___ and ___ サービス ビトウィーン アンド
乗る	ride ライド	通常運行	regular service レギュラー サービス
～に乗り換える	change to ___ チェインジ トゥ	回送中	Not in Service ノット イン サービス
～に乗り換える	transfer to ___ トランスファー トゥ	植物園	botanical garden ボタニカル ガーデン
運行する	run ラン	寺院	temple テンプル

会話コーナー

A: 海岸にはここからどうやって行けますか？

B: パークストリート駅から地下鉄に乗り、ビーチ駅まで行きます。そこから7番のバスに乗り換えます。

A: How can I get to the beach from here?
ハウ キャンナイ ゲット トゥ ザ ビーチ フロム ヒア

B: You need to take the subway from Park St. station out to The Beaches and then transfer to Bus #7 from there.
ユー ニード トゥ テイク ザ サブウェイ フロム パーク ストリート ステイション アウト トゥ ザ ビーチーズ アンド ゼン トランスファー トゥ バス ナンバ セブン フロム ゼア

ツアーのパンフレットをいただけますか？

Can I have a tour brochure, please?

キャンナイ ハブ ア トゥアー ブロウシュア プリーズ
私は〜できますか 持つ ツアーのパンフレットを お願いします

● カタログの有無などを聞く表現

この表現は「〜をいただけますか」と相手に情報の提供などを依頼する時に使う表現です。

私は〜できますか	持つ	ツアーのパンフレットを	お願いします
		パンフレットを	
	得る	お城ツアーの情報を	
		詳細を	

Can I	have	a tour brochure,	please?
キャンナイ	ハブ	ア トゥアー ブロウシュア	プリーズ
		a pamphlet, ア パンフレット	
	get ゲット	some information about the castle tour, サム インフォメイション アバウト ザ キャッスル トゥアー	
		some details, サム ディーテイルズ	

[観光]に関連する語句

広告ビラ	flyer フ**ラ**イア	所要時間	duration デュ**レ**イション
広告	ad / advertisement **ア**ド / アドバ**タ**イズメント	予約	reservation レザ**ベ**イション
3時間ツアー	3-hour tour **ス**リーアウア **ト**ゥア	～条件付き	required リク**ワ**イアード
～込み	including インク**ル**ーディング	一個分の値段で二個	two-for-one **ト**ゥー フォア **ワ**ン
～を特色にした	featuring **フ**ィーチャリング	この広告で10ドル引き	$10.00 off with this ad **テ**ンダラーズ **オ**フ ウィズ ジス アド

会話コーナー

A: ツアーのパンフレットをいただけますか？

B: はい。こちらでございます。割引券が後ろにございます。

A: 本当ですか？ありがとうございます。

B: どういたしまして。

A: Can I have a tour brochure, please?
キャンナイ ハブ ア **ト**ゥアー ブロウ**シュ**ア
プ**リ**ーズ

B: Sure. Here you go. There are discount coupons at the back.
シュア **ヒ**ア **ユ**ー **ゴ**ウ ゼア ラ
ディスカウント **ク**ーポンズ アット ザ **バ**ック

A: Really? Thank you.
リアリー **サ**ンキュ

B: You're welcome.
ユア **ウエ**ルカム

夕食付きですか？

Is dinner included?

イズ **ディナー**　　　　インクルーディド
～ですか 夕食は　　　　含まれている

●料金の中に含まれてるかどうかを聞く表現

この表現は「～は料金に含まれていますか」と料金の詳細を聞く時に使う表現です。

～ですか	夕食は	含まれている
	博物館見学は	
	軽い飲食は	
	すべての入場料は	

Is イズ	dinner ディナー	included? インクルーディド
	a visit to the museum ア ビジット トゥー ザ　ミュージーアム	
Are アー	refreshments リフレッシュメンツ	
	all admission charges オール アドミッション　**チャージズ**	

観光　56 ツアー料金について

[観光ツアー]に関連する語句

税金	tax タックス	～からの～の眺め	the view of __ from __ ザ ビュー オブ__ フロム__
昼食	lunch ランチ	～見学	a visit to __ ア ビジット トゥー
船旅	boat trip ボウト トリップ	～立ち寄り	a stop at __ ア ストップ アット
フェリー代金	ferry fare フェリー フェア	乗せる	pick up ピック アップ
～を見る	see __ シー	降ろす	drop off ドロップ オフ

会話コーナー

A:ツアーには夕食は付いていますか？

B:はい、夕食とクルーズ代が入った料金です。

A:ありがとうございます。あと、車で私たちをホテルで拾ってもらえますか？

B:かしこまりました。

A: Is dinner included in the tour?
イズ ディナー インクルーディド イン ザ トゥアー

B: Yes, dinner is included along with the price of the cruise.
イェス ディナー イズ インクルーディド アロング ウィズ ザ プライス オブ ザ クルーズ

A: Thank you. And can we be picked up at our hotel?
サンキュ アンド キャン ウィー ビー ピックト アップ アット アウア ホテル

B: Certainly.
サートゥンリー

半日ツアーの料金はいくらですか？

観光 �57 ツアーについて

What's the price of the half-day tour?
ホワッツ　ザ　プライス　オブ　ザ　ハーフ　デイ　トゥアー
何ですか　料金は　半日ツアーの

●料金・出発時刻を聞く表現

料金や出発時間など、ツアーについて聞く時に使う表現です。

何ですか	料金は	半日ツアーの
		デラックスツアーの
何時に	ツアーは〜しますか	開始する
		ホテルを出発する

What's ホワッツ	the price ザ プライス	of the half-day tour? オブ ザ ハーフ デイ トゥアー
		of the deluxe tour? オブ ザ デラックス トゥアー
What time ホワッ タイム	does the tour ダズ ザ トゥアー	start? スタート
		leave the hotel? リーブ ザ ホテル

［観光ツアー］に関連する語句

3時間ツアー	3-hour tour スリー アウア トゥアー	～に戻る	return to ＿＿ リターン トゥ
全日ツアー	full-day tour フル デイ トゥアー	～に戻る	be back at ＿＿ ビー バック アット
一日ツアー	one-day tour ワン デイ トゥアー	～から出発する	depart from ＿＿ ディパート フロム
午前半ば	mid-morning ミッド モーニング	～に到着する	arrive at ＿＿ アライブ アット
終了	finish フィニッシュ	観光飛行	scenic flight シーニック フライト

会話コーナー

A: 半日のツアーはいくらですか？

A: What's the price of the half-day tour?
ホワッツ ザ プライス オブ ザ ハーフ デイ トゥアー

B: 26ユーロです。全日ツアーは50ユーロで、昼食付きです。

B: It's 26 Euros. And the full-day tour is 50 Euros, with lunch included.
イッツ トゥウェンティーシックス ユーロズ アンド ザ フル デイ トゥアー イズ フィフティー ユーロズ ウィズ ランチ インクルーディド

A: 全日ツアーに行けるだけの時間がありません。

A: I don't have enough time for the full-day tour.
アイ ドーンド ハブ イナフ タイム フォア ザ フル デイ トゥアー

観光 ⑱ ツアー情報について

日本語ガイド付きのツアーは
ありますか？

Do you have tours
ドゥ ユー ハブ　　　　　　　トゥアーズ
あなたは〜を持っていますか　ツアーを

with Japanese-speaking guides?
ウィズ　ジャパニーズ　スピーキング　ガイズ
日本語を話すガイド付きの

●ツアーの内容を聞く表現

この表現は「〜というツアーはありますか」とツアーの詳しい情報を聞く時に使う表現です。いろいろなツアーがありますから、こうして内容を確かめて利用するのも楽しみです。

あなたは〜を持っていますか	ツアーを	日本語を話すガイド付きの	
		ベジタリアン用の食事付きの	
		〜を含む	昼食
			ボートに乗る旅

Do you have ドゥ ユー ハブ	tours トゥアーズ	with Japanese-speaking guides? ウィズ ジャパニーズ スピーキング ガイズ	
		with meals for vegetarians? ウィズ ミールズ フォア ベジタリアンズ	
		that include ザット インクルード	lunch? ランチ
			a boat trip? ア ボート トリップ

［観光ツアー］に関連する語句

日本語用ヘッドホン	Japanese-language headset ジャパニーズ ランゲッジ ヘッドセット	無料の	complimentary コンプリメンタリー
旅程	itinerary アイティナラリー	〜見学	__ tour ツアー
パック商品	package deal パッケージ ディール	カジノ	casino カシノ
昼食各自払い	buy your own lunch バイ ユア オウン ランチ	入場無料	admission free アドミッション フリー
トイレ付きバス	buses with toilet バスィーズ ウィズ トイレット	散策時間	time to walk around タイム トゥ ウォーク アラウンド

会話コーナー

A: 日本語ガイド付きのツアーはありますか？

B: ございません。でも、情報はすべてお配りするチラシに日本語訳で載っております。

A: それで大丈夫ですね。

A: Do you have tours with
ドゥ ユー ハブ トゥアーズ ウィズ
Japanese-speaking guides?
ジャパニーズ スピーキング ガイズ

B: No, we don't. But all of the
ノウ ウィー ドント バット オール オブ ジ
information is available in
インフォメイション イズ アベイラブル イン
Japanese translation on some
ジャパニーズ トランスレイション オン サム
flyers we'll hand out.
フライアーズ ウィール ハンド アウト

A: That should be OK.
ザット シュド ビー オウケイ

サンセットディナーツアーに参加したいのですが。

I want to join the sunset dinner tour.
アイ ウォン トゥ ジョイン ザ サンセット ディナー トゥアー
私は〜を欲する　参加すること　サンセットディナーツアーに

● **ツアー参加を申し込む時の表現**

この表現は「〜に参加したい」あるいは「〜の切符が欲しい」と言って、ツアーの申し込みをする時に使う表現です。

私は〜を欲する	参加すること	サンセットディナーツアーに
		博物館ツアーに
	〜の切符	明日のツアー
		気球ツアー

I want アイ ウォン	to join トゥ ジョイン	the sunset dinner tour. ザ サンセット ディナー トゥアー
		the museum tour. ザ ミュージーアム トゥアー
	a ticket for ア ティケット フォア	the tour tomorrow. ザ トゥアー トゥモロウ
		the balloon tour. ザ バルーン トゥアー

観光　�59 ツアーに申し込む

CD 61

[観光ツアー]に関連する語句

散策ツアー	walking tour ウォーキング　トゥアー	歴史散策	history walk ヒストリー　ウォーク
午前のツアー	morning tour モーニング　トゥアー	幽霊ツアー	ghost tour ゴースト　トゥアー
午後のツアー	afternoon tour アフタヌーン　トゥアー	大人	adult アダルト
お城ツアー	castle tour キャッスル　トゥアー	小人	child / children チャイルド　チルドレン
運河ツアー	canal tour カナル　トゥアー	幼児	infant インファント

会話コーナー

A：こんにちは。明日のサンセットディナーツアーに参加したいのですが。

B：はい。お一人70ドルです。ホテルにお迎えにあがりますか？

A：はい、お願いします。ロイヤルホテルに泊まっています。

A: Hello. We want to join the
 ハロウ　　ウィー　ウォン　トゥ　ジョイン　ザ
 sunset dinner tour tomorrow.
 サンセット　ディナー　トゥアー　トゥモロウ

B: Great. That's $70.00 each.
 グレイト　　ザッツ　　セブンティーダライーチ
 Will you need to be picked up
 ウィル　ユー　ニード　トゥ　ビー　ピックト　アップ
 at your hotel?
 アット　ユア　ホテル

A: Yes. We're staying at the
 イェス　ウィーアー　ステイング　アット　ザ
 Royal Hotel.
 ロイアル　ホテル

153

観光 ⑥ 場所を尋ねる

入り口はどこですか？

Where's the entrance?
ホ**エ**アズ　　ジ　　**エ**ントランス
どこにありますか　入り口は

● 場所を聞く表現

この表現は「〜はどこですか（どこでできますか）」と場所を尋ねる時に使う基本的な二つの表現です。

どこにありますか		入り口は
		切符売り場は
どこで	私はできますか	切符を買う
		ベビーカー貸出所を見つける

Where's ホエアズ		the entrance? ジ エントランス
		the ticket office? ザ ティケット オフィス
Where ホエア	can I キャンナイ	buy a ticket? バイ アティケット
		find the stroller rental? ファインド ザ ストロウラ レンタル

154

[観光施設]に関連する語句

駐車場	parking area パーキング　エアリア	案内ヘッドホン	guide headset ガイド　ヘッドセット
みやげもの店	gift shop ギフト ショップ	列	line / queue ライン　キュー
博物館の売店	museum shop ミュージーアム　ショップ	飲み物を買う	get something to drink ゲット サムシング トゥ ドリンク
ロッカー	locker ロッカー	トイレ	restroom レストルーム
パンフレット	pamphlet パンフレット	案内所	visitor center ビジター　センタ

会話コーナー

A:すみません。博物館の入り口はどこですか？

B:あちらのイートンストリートです。切符売り場もそこにあります。間違いなくわかりますよ。

A:ありがとうございます。

A: Excuse me? Where's the
エクス**キューズ**　ミー　ホ**エ**アズ　ジ

entrance to the museum?
エントランス　トゥ ザ　ミュージーアム

B: It's around on Eaton Street.
イッツ　アラウンド　オン　イートン　ストリート

The ticket office is there,
ザ　ティケット　オフィス　イズ ゼア

too. You can't miss it.
トゥー ユー　キャーント　ミス　イット

A: Thank you.
サンキュ

155

入場料はいくらですか？

How much is admission?
ハウ　マッチ　イズ　アドミッション
いくら　　　　　ですか　入場料は

観光 ⑥ 料金を尋ねる

●入場料などを聞く表現

この表現は、「〜はいくらですか」と料金や値段を聞く時の基本的な表現です。指をさして How much? だけでも通じます。

いくら	ですか	入場料は
		団体割引の入場料は
	ですか	はがき4枚は
		大人一人、子供三人の切符は

How much	is	admission? アドミッション
		the group-discount admission? ザ グループ ディスカウント アドミッション
	are	four postcards? フォー ポウストカーズ
		tickets for one adult and three children? ティケッツ フォア ワン アダルト アンド スリー チルドレン

[観光施設]に関連する語句

入り口	entrance エントランス	週末に	on weekend オン ウィークエンド
子供用	for children フォア チルドレン	ガイド付きツアー	guided tour ガイディッド トゥアー
幼児用	for infants フォア インファンツ	はがき	postcard ポウストカード
高齢者用	for seniors フォア シニアーズ	映画	film / movie フィルム / ムービ
学生用	for students フォア ステューデンツ	団体割引	group discount グループ ディスカウント

会話コーナー

A: おはようございます。入場料はいくらですか？

B: 大人は9ドル50セント、子供は4ドル50セントです。でも、列に並んで待っていただかなければなりません。ただ今入場まで30分待ちです。

A: かまいませんよ。高齢者割引はありますか？

A: Good morning. How much is admission?
グッ モーニン ハウ マッチ イズ アドミッション

B: 9,50 for adults and 4,50 for children. But you'll have to wait in line. There's a 30-minute wait to get in.
ナインフィフティー フォア アダルツ アンド フォーフィフティー フォア チルドレン バット ユール ハフ トゥ ウェイト イン ライン ゼアズ ア サーティ ミニッツ ウェイト トゥ ゲット イン

A: That's OK. Is there a discount for seniors?
ザッツ オウケイ イズ ゼア ラ ディスカウント フォア シニアズ

観光 �62 許可を求める

大聖堂の中で写真を撮ってもいいですか？

Can I take pictures in the cathedral?
キャン ナイ テイク ピクチャーズ イン ザ キャシードラル
私は〜できますか 写真を撮る 大聖堂の中で

● 写真や喫煙の許可を求める表現

　この表現は、「〜できますか」という質問で、相手に許可を求める時に使う表現です。不愉快な思いをしないように、何かをしてよいかどうかわからない時は、この表現を使って確認しましょう。

私は〜できますか	写真を撮る	大聖堂の中で
		銅像の
	タバコを吸う	ロビーで
		外で

Can I キャンナイ	take pictures テイク ピクチャーズ	in the cathedral? イン ザ キャシードラル
		of the statue? オブ ザ スタチュー
	smoke スモウク	in the lobby? イン ザ ロビー
		outside? アウトサイド

[観光]に関連する語句

フラッシュをたく	use a flash ユーズ ア フラッシュ	禁止	not permitted ノット パーミッティド
ビデオを撮る	take video テイク ビディオウ	禁止	not allowed ノット アラウド
展示品に触る	touch the exhibits タッチ ジ エグジビッツ	芸術作品	artwork アートワーク
内部	inside インサイド	身だしなみ注意	appropriate dress required アプロプリット ドレス リクワイアード
禁止	prohibited プロヒビッティド	短パン半袖禁止	no shorts or short sleeves ノウ ショーツ オア ショート スリーブズ

会話コーナー

A: 大聖堂の中で写真を撮ってもいいですか？

A: Can I take pictures in the cathedral?
キャンナイ テイク ピクチャーズ イン ザ キャシードラル

B: もちろんです。ああ……申し訳ありませんが、ロビーは禁煙です。

B: Sure. Oh...I'm sorry but smoking is not allowed in the lobby.
シュア オウ アイム ソリー バット スモウキング イズ ノット アラウド イン ザ ロビー

A: ロビーはだめなんですか？ すみません。すぐに消します。

A: Not in the lobby? Oh, sorry. I'll put it out right away.
ノット イン ザ ロビー オウ ソリー アイル プット イット アウト ライト アウェイ

観光

63 観光施設の開閉時間

博物館は何時に開きますか？

What time does the museum open?

ホワッ	タイム	ダズ	ザ ミュージアム	オープン
何時に		～しますか	博物館は	開く

●開閉時間を聞く表現

この表現は、「何時に～は～しますか」と、観光施設や催しの開始・終了の時間を尋ねる時に使う表現です。

何時に	～しますか	博物館は /美術館は	開く
			閉まる
		パレードは	始まる
			終わる

What time	does	the museum	open?
ホワッ タイム	ダズ	ザ ミュージアム	オープン
			close? クロウズ
		the parade ザ パレイド	start? スタート
			end? エンド

[観光]に関連する語句

切符売り場（劇場等の）	box office ボックス オフィス	午後	in the afternoon インジ アフタヌーン
切符売り場	ticket office ティケット オフィス	夕方	in the evening インジ イブニング
開始時間	starting time スターティング タイム	毎日	daily デイリー
開館時間	opening time オープニング タイム	シーズンオフ	off season オフ シーズン
午前中	in the morning インザ モーニング	休日	holiday ホリデイ

会話コーナー

A: 博物館は何時に開きますか？

B: シーズンではありませんので、開館時間はいつもより短めです。開館は火曜から金曜まで、時間は9時から5時までです。

A: 込んでいないといいですが。

A: What time does the museum open?

B: Since it's not the regular tourist season now, the hours are shorter. It's only open from Tuesday through Saturday, 9 to 5.

A: I hope it won't be crowded then.

観光 64 日本語の情報を集める

日本語で書かれた情報はありますか？

Do you have any information in Japanese?
ドゥ ユー ハブ エニイ インフォメイション イン ジャパニーズ
あなたは〜ですか　持つ　情報を　日本語で書かれた

●日本語のパンフレットなどの有無を聞く表現

この表現は、何か欲しいものがある時に、「〜はありますか」と相手に尋ねる表現です。お店で商品があるかどうかを聞く時にも使えます。

あなたは〜ですか	持つ	日本語で書かれた情報を
		英語のパンフレットを
		日本語が聞けるヘッドホンを
		日本語のツアーを

Do you	have	any information in Japanese?
ドゥ ユー	ハブ	エニイ インフォメイション イン ジャパニーズ
		pamphlets in English?
		パンフレッツ イン イングリッシュ
		headphones in Japanese?
		ヘッドフォウンズ イン ジャパニーズ
		Japanese-speaking tours?
		ジャパニーズ スピーキング トゥアーズ

[観光] に関連する語句

ヘッドホン	headset ヘッドセット	ティッシュペーパー	paper tissue ペイパ ティッシュ
映画	film フィルム	エスカレーター	escalator エスカレイタ
ビデオ	video cassette ビディオウ カセット	エレベーター	elevator エレベイタ
はがき	postcard ポウストカード	車椅子用通路	wheelchair access ウィールチェア アクセス
みやげ品	souvenir スーベニア	子供向けイベント	activities for children アクティビティーズ フォア チルドレン

会話コーナー

A: 日本語で書かれた情報はありますか？

B: はい、ございます。あちらで日本語解説のヘッドホンをお借りいただくこともできます。日本語のパンフレットもございます。

A: すごいですね。ありがとうございます。

A: Do you have any information in Japanese?
ドゥ ユー ハブ エニイ インフォメイション イン ジャパニーズ

B: Yes we do. You can rent a headset that has Japanese over there. And we also have a brochure in Japanese.
イェス ウィー ドゥ ユー キャン レント ア ヘッドセット ザット ハズ ジャパニーズ オーバー ゼア アンド ウィー オルソー ハブ ア ブロウシュア イン ジャパニーズ

A: That's great. Thank you.
ザッツ グレイト サンキュ

ミュージカルを観たいのですが。

I'd like to see a musical.

アイドゥ ライク トゥ シー ア ミュージカル
私は〜したい　　　　　観る　ミュージカルを

●観劇などのチケットを申し込む時の表現

この表現は、観劇などのチケット手配などを申し込む時の表現です。I'd like to ＋動詞は、いろいろな場面で使えます。

私は〜したい	観る	ミュージカルを
		『オペラ座の怪人』を
	得る	チケットと食事のパックを
		ホテルとチケットのパックを

I'd like to アイドゥ ライック トゥ	see シー	a musical. ア ミュージカル
		The Phantom of the Opera. ザ ファントム オブ ジ オペラ
	get ゲット	a ticket and dinner package. ア ティケット アンド ディナー パッケージ
		a hotel and ticket package. ホテル アンド ティケット パッケージ

観光 ㊁ 観劇を希望する

[観光] に関連する語句

コメディー	comedy コメディ	食事	meal ミール
ダンス	some dance サム　ダンス	割引券	discount ticket ディスカウント　ティケット
コンサート	concert コンサート	会場	venue ベニュー
マジックショー	magic show マジック　ショー	ブロードウェー	Broadway ブロードウェイ
食事付き観劇	dinner theater ディナー　シアター	ウェストエンド	The West End (London) ザ　ウェスト　エンド（ロンドン）

会話コーナー

A: ニューヨークにいるうちに、ミュージカルを観たいのですが。

B: そうですね、『オペラ座の怪人』がまだマジェスティック劇場で上演中だと思います。

A: よさそうですね。チケットを手に入れられるといいですが。

A: I'd like to see a musical while I'm in New York.
アイドゥ ライク トゥ シー ア ミュージカル ホワイル
アイム イン ニューヨーク

B: Well, I think "The Phantom of the Opera" is still playing at the Majestic.
ウェル アイ シンク ザ ファントム
オブ ジ オペラ イズ スティル プレイング
アット ザ マジェスティック

A: That sounds great. I hope I can get tickets.
ザット サウンズ グレイト アイ ホウプ アイ
キャン ゲット ティケッツ

観光 66 切符を入手する

今夜のショーの切符はありますか？

Are there any tickets available
アー　ゼア　エニイ　**ティ**ケッツ　アベイラブル
ありますか／チケットは／入手できる

for tonight's show?
フォア　トゥ**ナ**イツ　ショー
今晩のショー用の

●購入したいチケットを伝える時の表現

この表現は、購入したいチケットの種類を相手に伝える時に使う表現です。available は、商品や情報が「手に入る」という意味で広く使われる単語です。

～はありますか	チケット	入手できる	今晩のショーの
			9時のショーの
	席	バルコニーの	
		一緒の	

Are there アー　ゼア	any tickets エニイ **ティ**ケッツ	available アベイラブル	for tonight's show? フォア トゥ**ナ**イツ　ショー
			for the 9:00 show? フォア ザ **ナ**インオクロック ショー
	any seats エニイ シーツ	in the balcony? インザ　バルコニー	
		together? トゥ**ゲ**ーザ	

[観劇]に関連する語句

ステージ近くの	near the stage ニア ザ ステイジ	二階正面と天井桟敷の間席	upper circle (英) アッパー サークル
一階正面一等席	the stalls (英) ストールズ	天井桟敷	balcony (米) バルコニー
一階舞台前上等席	orchestra (米) オウケストラ	4月15日の公演	the April 15th performance ジ エイプリル フィフティーンス パフォーマンス
二階正面席	dress circle (英) ドレス サークル	水曜夜の公演	Wednesday night's performance ウェンズデイ ナイツ パフォーマンス
二階席	mezzanine (米) メザニーン	昼間の興行	matinee マティネイ

会話コーナー

A: 今晩のショーの席はありますか？

A: Are there any seats available for tonight's show?
アー ゼア エニイ シーツ アベイラブル フォア トゥナイツ ショー

B: アッパーサークルに数席あるだけでございますが。

B: We have only a few in the upper circle.
ウィー ハブ オンリー ア フュー イン ジ アッパー サークル

A: それで結構です。二枚お願いします。

A: That's fine. Can I have two, please?
ザッツ ファイン キャンナイ ハブ トゥー プリーズ

167

観光 ㊿ 開演時間を尋ねる

公演は何時に始まりますか？

What time does
ホワッ　タイム　ダズ
何時に～しますか

the performance begin?
ザ　パフォーマンス　　　　ビギン
公演は　　　　　　　　　　始まる

● **時間を確認する時の表現**

この表現は「～は何時に～しますか」と、観劇などの際に、開始時間や終了時間を確認する時の表現です。

何時に～しますか	公演は	始まる
		終わる
	切符売り場は	開く
		閉まる

What time does ホワッ タイム ダズ	the performance ザ パフォーマンス	begin? ビギン
		end? エンド
	the box office ザ ボックス オフィス	open? オープン
		close? クロウズ

168

[観劇]に関連する語句

顔ぶれ	line-up ライン アップ	場内の売店	concession stand コンセッション スタンド
午後公演	afternoon performance アフタヌーン パフォーマンス	終演	curtain fall カーテン フォール
最終公演	the last show ザ ラスト ショウ	開場	doors open ドアーズ オープン
開演	curtain rise カーテン ライズ	期間限定公演	limited run リミティッド ラン
スナックコーナー	snack bar スナック バー	延長公演	extended エクステンディド

会話コーナー

A:公演は何時に始まりますか？

A: What time does the performance begin?
ホワッ タイム ダズ ザ パフォーマンス ビギン

B:開場は7時で、開演は7時半でございます。

B: Doors open at 7:00 and the curtain rises at 7:30.
ドアーズ オープン アット セブン アンド ザ カーテン ライジーズ アット セブン サーティー

A:ありがとうございます。

A: Thank you.
サンキュ

B:どういたしまして。

B: You're welcome.
ユア ウェルカム

パンフレットについていた広告があります。

I have an ad from the pamphlet.
アイ ハブ　アン **ア**ド フロム ザ **パ**ンフレット
私は〜を持つ　パンフレットについていた広告を

●引換券・割引券を使う時の表現

この表現は、外食の際などに「私は〜を持っています」と引換券や割引券があることを伝える時の表現です。フリーペーパーやパンフレットなどにクーポンはついています。

私は〜を持つ	パンフレットについていた広告
	引換券
	割引券
	引換券

I have アイ ハブ	an ad from the pamphlet. アン **ア**ド フロム ザ **パ**ンフレット
	a coupon. ア **キュ**ーポン
	a discount coupon. ア **ディ**スカウント **キュ**ーポン
	a voucher. ア **バ**ウチャ

[食事]に関連する語句

二皿目	second meal セカンド ミール	飲み物無料	free soft drink フリー ソフト ドリンク
半額	half price ハーフ プライス	～まで有効	expire ___ エクスパイアー
子供たち	kids キッズ	～まで有効	valid until ___ バリッド アンティル
2ドル引き	$2.00 off トゥーダラーズ オフ	一つ買えば一つおまけ	Buy one get one free. バイワン ゲット ワン フリー
引き換え可能	may be redeemed メイ ビー リディームド	この券を提示してください	Please present this coupon. プリーズ プレゼント ジス キューポン

会話コーナー

A: こんにちは。ツアーのパンフレットについていた広告があります。一つ分で二つ、と書いてありますが。

B: はい、その通りです。一皿の値段で二皿お召しあがりいただけます。でも、二皿目が一皿目よりも安い場合のみとなります。

A: そうですか、わかりました。ありがとう。

A: Hello. I have an ad from the tour pamphlet. It says two for one.
ハロウ アイ ハブ アン アド フロム ザ トゥア パンフレット イット セズ トゥー フォア ワン

B: Yes. You can get two meals for the price of one. But only if the second meal is cheaper than the first.
イェス ユー キャン ゲッ トゥー ミールズ フォア ザ プライス オブ ワン バット オンリー イフ ザ セカンド ミール イズ チーパー ザン ザ ファースト

A: Oh, OK. Thanks.
オウ オウケイ サンクス

この近くに伝統料理の お店はありますか？

Is there a traditional restaurant near here?

- Is there a / イズ ゼアラ / 〜はありますか
- traditional / トラディッショナル / 伝統的な
- restaurant / レストラン / レストラン
- near here / ニア ヒア / この近く

●近所に好みにあったレストランを探す表現

この表現は「〜のようなレストランはありますか」と好みにあったレストランを探したい時に使う表現です。

〜はありますか	伝統的な	この近くに レストランが
	よい	
	手ごろな値段の	
	中華料理の	

Is there a (イズ ゼアラ)	traditional (トラディッショナル)	restaurant near here? (レストラン ニア ヒア)
	nice (ナイス)	
	reasonably-priced (リーゾナブリー プライスト)	
	Chinese (チャイニーズ)	

[食事]に関連する語句

グルメ	gourmet グアメイ	カジュアルな	casual カジュアル
安い	cheap チープ	簡易食堂	buffet バフェイ
魚介	seafood シーフード	ディナーショー	dinner show ディナー ショウ
菜食主義(者)の	vegetarian ベジタリアン	営業中	open now オープン ナウ
郷土料理	local food ロウカル フッド	夜遅く営業する	open late オープン レイト

会話コーナー

A: この近くに伝統的なギリシャ料理を出すお店はありますか？

B: この通りの上手に一軒あります。でもお昼は営業していません。

A: 大丈夫です。今晩行くつもりなんです。

A: Is there a traditional Greek restaurant near here?
イズ ゼアラ トラディッショナル グリーク レストラン ニア ヒア

B: There's one up the street. But it's not open for lunch.
ゼアズ ワン アップ ザ ストリート バット イッツ ノット オープン フォア ランチ

A: That's OK. I'm planning to go tonight.
ザッツ オウケイ アイム プラニング トゥ ゴウ トゥナイト

窓の近くの席をお願いします。

I'd like a table near the window.
アイドゥ ライク ア テイブル ニア ザ ウィンドウ
私は〜がほしい　席を　　　　　窓の近くの

●予約の条件を伝える表現

この表現は、予約したい席の条件を述べて、予約する時の表現です。

私は〜が欲しい（〜がしたい）	席を	窓の近くの
		テラスの
	予約する	今晩二人分の席を
		禁煙席を

I'd like アイドゥ ライク	a table ア テイブル	near the window. ニア ザ ウィンドウ
		on the terrace. オン ザ テラス
	to reserve トゥ リザーブ	a table for two people for tonight. ア テイブル フォア トゥー ピープル フォア トゥナイト
		a non-smoking table. ア ノン スモウキング テイブル

[食事]に関連する語句

カウンター席	a seat at the counter ア シート アット ザ カウンター	庭に	in the garden イン ザ ガーデン
バーで	at the bar アット ザ バー	静かな場所に	in a quiet corner イン ナ クワイエット コーナー
喫煙コーナー	smoking section スモウキング セクション	バイキング料理の並んだテーブル	buffet table バフェイ テイブル
バーの近くに	near the bar ニア ザ バー	入り口	entrance エントランス
景色のよい	with a view ウィズ ア ビュー	仕切り席	booth ブース

会話コーナー

A:窓の近くの喫煙席をお願いします。

A: I'd like a smoking table near the window.
アイドゥ ライク ア スモウキング テイブル ニア ザ ウィンドウ

B:申し訳ございませんが、喫煙はテラスのみとなっております。

B: I'm sorry but smoking is only allowed on the terrace.
アイム ソリー バット スモウキング イズ オンリー アラウド オン ザ テラス

A:わかりました。では、テラスの喫煙席を二人分お願いします。

A: OK. Then a smoking table for two on the terrace, please.
オウケイ ゼン ア スモウキング テイブル フォア トゥー オン ザ テラス プリーズ

コーヒーをひとつお願いします。

I'd like a cup of coffee, please.

アイドゥ ライク ア カップ オブ コーフィ プリーズ
私は〜ほしい　一杯のコーヒーが　お願いします。

●注文する時の表現

この表現は、食事の注文をする時に使います。I'd like をつけると丁寧な表現ですが、please さえあれば、注文品を言うだけでも使えます。

私は〜欲しい	一杯のコーヒーが	お願いします
	Lサイズのコーラを	
	もうひとつ	
	持ち帰りで	

I'd like アイドゥライク	a cup of coffee, ア カップ オブ コーフィ	please. プリーズ
	A large Coke, ア ラージ コウク	
	One more, ワン モア	
	To go, トゥ ゴウ	

[食事]に関連する語句

店内飲食	for here / to stay フォア ヒア / ツー スティ	Sサイズ	small スモール
持ち帰り	take away / to go テイク アウェイ(英) / ツー ゴー	Mサイズ	medium ミディアム
メニューを見る	see a menu シー ア メニュ	Lサイズ	large ラージ
生ビール一杯	a draft beer ア ドラフト ビア	〜のLサイズの注文	a large order of __ ア ラージ オーダー オブ〜
コーヒーおかわり	some more coffee サム モア コーフィ	ケーキ一切れ	a piece of cake ア ピース オブ ケイク

会話コーナー

A: チーズバーガーとフライドポテトSサイズをお願いします。

A: I'd like a cheeseburger and a small order of French fries.
アイドゥ ライク ア チーズバーガ アンド ア スモール オーダー オブ フレンチ フライズ

B: お飲み物はいかがですか？

B: Anything to drink?
エニイシング トゥ ドリンク

A: コーラお願いします。

A: A Coke, please
ア コウク プリーズ

B: サイズはいかがなさいますか？

B: What size Coke would you like?
ホワッ サイズ コウク ウッ ジュー ライク

A: えーっと、Sサイズでお願いします。

A: Uh...small, please.
アー スモール プリーズ

半サイズのものはありますか？

Do you have something
ドゥ ユー ハブ　　　サムシング
あなたは〜を持っていますか　何か

in half sizes?
イン ハーフ　サイジズ
半サイズの

● **特徴を言って有無を尋ねる表現**

この表現は「〜なものはありますか」と、ものの特徴を言ってその有無を尋ねたり、注文したりする表現です。something は「〜なもの」を示し、特徴を表す表現をその後ろに続けて使います。

あなたは〜を持っていますか	何か	半サイズの
		少量の
		子供によい
		辛い（香辛料の効いた）

Do you have ドゥ ユー ハブ	something サムシング	in half sizes? イン ハーフ サイジズ
		in small portions? イン スモール ポーションズ
		good for children? グッド フォア チルドレン
		hot and spicy? ホット アンド スパイシー

[食事]に関連する語句

少量	small portions スモール　ポーションズ	フライパンで 焼いた・炒めた	fried フライド
軽い	light ライト	炒めた	stir-fried スターフライド
ご飯付き	with rice ウィズ　ライス	ソテーにした	sautéed ソウティド
香辛料が 強すぎない	not too spicy ノット　トゥー　スパイシー	オーブンで 焼いた	roasted ロウスティッド
グリルで 焼いた	grilled グリルド	揚げた	deep-fried ディープ　フライド

会話コーナー

A:ご注文はよろしいですか？

B:半サイズのものはありますか？

A:ステーキ以外は、すべて半サイズでご用意できます。

B:本当ですか？　では、イカのフライをお願いします。

A: Are you ready to order?
アー　ユー　レディー　トゥ　オーダー

B: Do you have something in half sizes?
ドゥ　ユー　ハブ　サムシング　イン　ハーフ　サイジズ

A: Everything is available in half sizes except the steak.
エブリシング　イズ　アベイラブル　イン　ハーフ　サイジズ　イクセプト　ザ　ステイク

B: Really? Then I'd like the deep-fried squid.
リアリー　ゼン　アイドゥ　ライク　ザ　ディープ　フライド　スクウィッド

お勧めのワインはありますか？

Could you recommend a nice wine?
クッジュ　　　　　　レコメンド　　　　　ア　ナイス　　ワイン
あなたは～勧められますか　　　　　　　　　いいワインを

●お勧め料理を聞く表現

この表現は、注文の際に、お店の人に助言を求めたいときに使う表現です。二つの文の形を使うことで、食事の楽しみが広がることでしょう。

あなたは～勧められますか	いいワインを
	前菜を
～何ですか	地元の特別料理は
	重過ぎないものは

Could you recommend クッジュ　　レコメンド	a nice wine? ア　ナイス　ワイン
	an appetizer? アン　アペタイザー
What's ホワッツ	a local specialty? ア　ロウカル　スペシャリティ
	something not too heavy? サムシング　　ノット トゥー　ヘビー

[食事]に関連する語句

食前酒	aperitif アペラティーフ	前菜	appetizer / starter アペタイザー / スターター
伝統料理の	traditional トラディッショナル	主菜	main course / entrée メイン コウス / アーントレイ
子羊肉	lamb ラム	子牛肉	veal ヴィール
羊肉	mutton マトン	鳥肉	poultry ポウルトリ
鹿肉	venison ヴェニスン	貝	shellfish シェルフィッシュ

会話コーナー

A: お勧めのワインはありますか？

B: ハウスワインの赤がございます。お口に合うと思いますが。ボトルでお持ちいたしましょうか？

A: ええ、お願いします。

A: Could you recommend a nice wine?
クッジュ　　レコメンド　　ア　ナイス　ワイン

B: We have a house red that should go very well. Can I bring you a bottle?
ウィー ハブ ア ハウス レッド ザット シュド ゴウ ベリー ウェル キャンナイ ブリング ユー ア ボトル

A: Yes, please.
イェス　プリーズ

取り皿をいただけますか？

Could you bring an extra plate?

クッジュ　　　　ブリング　　アネ　エキストラ　プレイト
あなたは～できますか　持ってくる　　追加の皿を

●料金についての依頼をする表現

Could you ～で「～していただけますか」という丁寧な依頼ができます。～の部分を変えることで、いろいろな依頼をすることができる表現です。

あなたは〜できますか	持ってくる	追加の皿を
		箸を
	私の分を〜する	香辛料を効かせすぎないように
		少量の注文に

Could you	bring	an extra plate?
クッジュ	ブリング	アン エキストラ プレイト
		some chopsticks?
		サム チョップスティックス
	make mine	not so spicy?
	メイク マイン	ノット ソウ スパイシー
		a small order?
		ア スモール オーダー

食事
74 こまかい要求を伝える

[食事]に関連する語句

新しい フォーク	new fork ニュー フォーク	パンの おかわり	some more bread サム モア ブレッド
ナイフ・フォーク・スプーン類	some cutlery サム カトラリー	主菜の前に	before the main course ビフォア ザ メインコース
箸	some chopsticks サム チョップスティックス	前菜の後に	after the appetizer アフタージ アペタイザー
新しい皿	some new plates サム ニュー プレイツ	デザート メニュー	dessert menu ディザート メニュー
ナプキン	napkin ナプキン	ワインリスト	wine list ワイン リスト

会話コーナー

A: それから、ウェイターさん、急いでいただけますか？ 電車に乗らなければなりませんので。

A: And waiter, could you please hurry? We have to catch a train.
アンド ウェイター クッジュ プリーズ ハリー ウィー ハフ トゥ キャッチ ア トレイン

B: できるだけ早く用意するように厨房に伝えます。

B: I'll tell the kitchen to get it ready as soon as possible.
アイル テル ザ キッチン トゥ ゲット イット レディ アズ スーン アズ ポッシブル

A: よかった。それから、お皿をもう一枚もらえますか？ 前菜を分けたいんです。

A: Great. And could you bring us an extra plate? We want to share the appetizer.
グレイト アンド クッジュ ブリング アス アン エクストラ プレイト ウィー ウォン トゥ シェア ジ アペタイザー

テーブルで支払いができますか？

Can I pay at the table?

キャン ナイ　ペイ　アット ザ　テイブル
私は〜できますか　支払う　テーブルで

●食事が終わってよく使う表現

食事の最後に、「わたしは〜できますか」という質問の形で、わからないことを聞いたり、何かを頼んだりすることができる表現です。（チップをクレジット払いに一括したい時は Write the tip on 〜を使います。）

私は〜できますか	支払う	テーブルで
	書く（支払う）	チップをクレジットカード領収書に
	得る	コーヒーをもう一杯
	〜してもらう	これを持ち帰り用に包んで

Can I	pay	at the table?
キャン ナイ	ペイ	アット ザ　テイブル
	write ライト	the tip on the credit card receipt? ザ ティップ オン ザ クレジット カード レシート
	get ゲット	another cup of coffee? アナザ　カップ オブ コーフィ
		this wrapped to go? ジス　ラップ　トゥ ゴウ

[食事] に関連する語句

請求書	check / bill チェック ビル	トラベラーズチェックで	with traveler's checks ウィズ トラベラーズ チェックス
おかわり	refill レフィル	持ち帰り袋	doggy bag ドギー バッグ
受付での支払い	pay at the front ペイ アット ザ フロント	サービス料	service charge サービス チャージ
その場での支払い	pay now ペイ ナウ	チップ	gratuity グラチューアティ
クレジット払い	pay by credit card ペイ バイ クレディット カード	~込み	included インクルーディッド

会話コーナー

A: おいしかったです。ごちそうさま。それで、支払いはテーブルでできますか？

A: That was delicious. Thank you. And can I pay at the table?
ザット ワズ デリシャス サン キュ アンド キャンナイ ペイ アット ザ テイブル

B: はい。お席で係りの者にお支払いください。

B: Yes. Please pay your server at the table.
イェス プリーズ ペイ ユア サーバー アット ザ テイブル

A: ありがとう。それから、これを持ち帰り用に包んでいただけますか？

A: Thank you. And can I get this wrapped to go?
サンキュ アンド キャンナイ ゲット ジス ラップ トゥ ゴウ

これはいくらですか?

How much is this?
ハウ　　マッチ　　イズ ジス
いくら　　　　　　　ですか これは

●価格交渉の表現

値段を聞く時の基本的な表現です。値段の交渉ができる場合は、「～でどうですか」などと交渉をします。

いくら	ですか	これは
		これらは
～どうですか		200バーツでは
		もっと値引きしては

How much ハウ　マッチ	is イズ	this? ジス
	are アー	these? ジーズ
How about ハウ　アバウト		200 Baht? トゥーハンドレッド　バーツ
		a bigger discount? ア ビッガー　ディスカウント

買い物　76 値段を聞く

［買い物］に関連する語句

セーター	sweater スウェター	財布	wallet ウォレット
上着	jacket ジャケット	売り物	for sale フォア セイル
ズボン	pants / trousers パンツ　　トゥラウザーズ	セール中	on sale オン セイル
スカート	skirt スカート	手ごろな(値段)	reasonable リーゾナブル
香水	perfume パヒューム	高すぎる	too expensive トゥー エクスペンシブ

会話コーナー

A: これらの靴はいくらですか？

B: たったの120ユーロです。本皮ですよ。

A: ありがとう、でも、私の予算よりずっと高いので。

B: わかりました。

A: How much are these shoes?
ハウ　マッチ　アー　ジーズ　シューズ

B: Only 120 Euros. They're real leather.
オンリー　ワンハンドレッドトゥウェンティー ユーロズ　ゼイアー　リアル　レザー

A: Thank you, but that's more than I want to spend.
サンキュ　　　バット ザッツ　モア　ザン　アイ ウォン トゥ スペンド

B: OK.
オウケイ

これのもっと小さいサイズはありますか？

Do you have this in a smaller size?
ドゥ　ユー　ハブ　　ジス　　イン ナ スモーラー　　サイズ
あなたは〜持っていますか｜これを｜もっと小さいサイズで

●品物の有無を聞く表現

この表現は、「〜はありますか」と店員に商品の有無について質問する時の基本的な表現です。

あなたは〜持っていますか	これを	もっと小さいサイズで
		違う色で
	何かを	セール中の
		もっと伝統的な

Do you have ドゥ ユー ハブ	this ジス	in a smaller size? イン ナ スモーラー　サイズ
		in another color? イン アナザー　カラー
	anything エニイシング	on sale? オン セイル
		more traditional? モア　トラディッショナル

［買い物］に関連する語句

違うスタイル	different style ディファレント スタイル	子供サイズ	children's sizes チルドレンズ サイズ
もっと大きいサイズ	larger size ラージャー サイズ	これをもっとたくさん	more of these モア オブ ジーズ
形	shape シェイプ	～と合うもの	anything to go with __ エニイシング トゥ ゴウ ウィズ
模様	pattern パタン	届ける	deliver ディリバ
デザイン	design ディザイン	日本へ送る	ship to Japan シップ トゥ ジャパン

会話コーナー

A: これのもっと小さいサイズはありますか？

B: いいえ、青いのではそれが一番小さいものです。灰色ならば、それより小さいサイズがございますが。

A: そうですか。見せていただけますか？ それから、カードは使えますか？

A: Do you have this in a smaller size?
ドゥ ユー ハブ ジス インナ スモーラー サイズ

B: No, that's the smallest we have in blue. We have smaller sizes in gray, though.
ノウ ザッツ ザ スモーレスト ウィー ハブ イン ブルー ウィー ハブ スモーラー サイジズ イン グレイ ゾウ

A: OK. Can I see them? And do you accept credit cards?
オウケイ キャンナイ シー ゼム アンド ドゥ ユー アクセプト クレディット カード

安くしていただけますか？

Can you give me a better price?
キャン ユー ギブ ミー ア ベター プライス
できますか あなたは 私にもっといい価格を与えることが

●買い物の希望を伝える表現

「～してもらえますか」と店員に頼む時に使う表現です。「～していいですか」と何かをさせてもらえるように頼むこともあります。

できますか	あなたは	私にもっといい価格を与えることが
		私にそれを贈り物用に包装をすることが
	私は	それを試着することが
		私が二つ買えば値引きしてもらうことが

Can キャン	you ユー	give me a better price? ギブ ミー ア ベター プライス
		giftwrap it for me? ギフトラップ イットフォア ミー
	I アイ	try them on? トライ ゼム オン
		get a discount if I buy two? ゲット ア ディスカウント イフ アイ バイ トゥー

［買い物］に関連する語句

〜を試着する	try ___ on トライ　オン	〜を取り置きしてもらう	hold ___ for me ホウルド　フォア　ミー
見る	see シー	袋を余分にもらう	give me some extra bags ギブ　ミー　サム　エクストラ　バッグズ
触る	touch タッチ	個別に包装する	wrap them separately ラップ　ゼム　セパレットリー
もっとよく見る	take a closer look テイク　ア　クロウサー　ルック	安くしてもらう	give me a better price ギブ　ミー　ア　ベター　プライス
カードで支払う	pay by credit card ペイ　バイ　クレディット　カード	税込価格	include tax in the price インクルード　タックス　イン　ザ　プライス

会話コーナー

A: 安くしていただけますか？　二着ほしいのですが。

B: 二着お買い上げでしたら、10％引きいたします。

A: ありがとう。試着してもいいですか？

A: Can you give me a better price? I want to buy two.
キャン　ユー　ギブ　ミー　ア　ベター　プライス　アイウォン　トゥ　バイ　トゥー

B: If you buy two, I can give you 10% off.
イフ　ユー　バイ　トゥー　アイキャン　ギブ　ユー　テンパーセント　オフ

A: Thank you. Can I try them on?
サンキュ　キャンナ　イ　トライ　ゼム　オン

父にセーターを探しています。

I'm looking for a sweater for my father.

アイム ルッキング フォア ア スウェター
私は〜している 探す セーターを

フォア マイ ファーザー
父への

● 探してる物を伝える表現

この表現は、何を買いたくて探しているのかを、店員に伝える時の表現です。

私は〜している	探す	父へのセーターを
		日本サイズで9号のドレスを
		もっと明るい色のものを
	見てるだけ	

I'm アイム	looking for ルッキング フォア	a sweater for my father. ア スウェター フォア マイ ファーザー
		a dress in Japanese size 9. ア ドレス イン ジャパニーズ サイズ ナイン
		something in a brighter color. サムシング イン ア ブライター カラー
	just looking. ジャスト ルッキング	

[買い物]に関連する語句

これ／あれを貰います	I'll take it / them. アイル テイク イット／ゼム	特大サイズ	extra large エクストラ ラージ
靴	some shoes サム シューズ	極小サイズ	extra small エクストラ スモール
Lサイズ	large ラージ	ヨーロッパサイズ	European size ユアロッピアン サイズ
Mサイズ	medium ミディアム	アメリカサイズ	American size アメリカン サイズ
Sサイズ	small スモール	日本サイズ	Japanese size ジャパニーズ サイズ

会話コーナー

A:父へのセーターを探しています。これは素敵ですね。

B:特大サイズですが、お父様のサイズはいくつですか？

A:よくわかりません。日本ではMサイズです。もし、そのサイズがあれば、それをいただきます。

A: I'm looking for a sweater for
アイム ルッキング フォア ア スウェター フォア

my father...This one is nice.
マイ ファーザー ジス ワン イズ ナイス

B: That's an extra large. What's
ザッツ アン エクストラ ラージ ホワッツ

his size?
ヒズ サイズ

A: I'm not sure. He's a medium in
アイム ノット シュア ヒーズ ア ミディアム イン

Japan. If you have this one in
ジャパン イフ ユー ハブ ジス ワン イン

that size, I'll take it.
ザット サイズ アイル テイク イット

頭痛がします。

I have a headache.
アイ ハブ ア ヘッドエイク
私は 持つ 頭痛を

●症状を伝える表現

この表現は、体の不調を伝える時に使う表現です。「〜の症状がある(have)」という言い方と「〜の感じがする(feel)」という言い方を使います。

私は	持つ	頭痛を
		ひどい下痢を
	感じる	めまいを
		吐き気を

I アイ	have ハブ	a headache. ア ヘッドエイク
		bad diarrhea. バッド ダイアリア
	feel フィール	dizzy. ディジー
		nauseous. ノーシャス

[病気]に関連する語句

下痢をする	have diarrhea ハブ ダイアリア	のどが痛い	have a sore throat ハブ ア ソア スロート
胃が痛い	have a stomachache ハブ ア ス**タ**マックエイク	食欲がない	have no appetite ハブ ノー **ア**ペタイト
鼻がでる	have a runny nose ハブ ア **ラ**ニー **ノ**ウズ	心臓が痛い	have chest pains ハブ **チェ**スト ペインズ
吐き気がする	feel nauseous フィール **ノ**ーシャス	～に鋭い痛みがある	have a sharp pain in my ___ ハブ ア **シャ**ープ ペイン イン マイ
～アレルギーだ	have a ___ allergy ハブ ア **ア**ラジー	～に鈍い痛みがある	have a dull pain in my ___ ハブ ア **ダ**ル ペイン イン マイ

会話コーナー

A:気分がよくありません。頭が痛くて、吐き気がします。

B:まあ大変。お医者さんを呼びましょうか？

A:そうしていただけますか？ それから、トイレはどこでしょうか？ 吐きそうです。

A: I don't feel good. I have a headache and I feel nauseous.
アイ **ド**ウント フィール **グ**ッド アイ ハブ ア **ヘッ**ドエイク アンド アイ フィール **ノ**ーシャス

B: Oh dear. Shall I call a doctor?
オウ **ディ**ア シャル アイ **コ**ール ア ド**ク**ター

A: Could you, please? And where is the toilet? I think I'm going to throw up.
クッジュ プ**リ**ーズ アンド ホ**エ**ア イズ ザ **ト**イレット アイ シンク アイム **ゴ**ーイング トゥ ス**ロ**ウ **ア**ップ

頭痛薬をいただけますか？

Can I get some medicine for a headache?
キャンナイ ゲット サム メディスン フォラ ヘッドエイク
私は〜できますか 得る 薬を 頭痛用の

病気 ㉛ 薬や診察を求める

●薬や診察を希望する表現

この表現は、「〜できますか」という質問の形で、病気の時に薬や治療の手配を頼む際使う表現です。

私は〜できますか	得る	頭痛薬を
		船の酔い止めを何か
	医者にかかる	予約無しで
		処方箋を書いてもらうために

Can I キャンナイ	get ゲット	some medicine for a headache? サム メディスン フォラ ヘッドエイク
		something for sea sickness? サムシング フォア シー シックネス
	see a doctor シー ア ドクター	without an appointment? ウィズアウト アナ ポイントメント
		to have a prescription filled? トゥハブ ア プリスクリプション フィルド

［病気］に関連する語句

救急車を呼ぶ	call an ambulance コール アン アンビュランス	コンドーム	condom コーンダム
歯科医	dentist デンティスト	診療所	clinic クリニック
耳の痛み	earache イアエイク	予約無しで入れる	walk-in ウォーク イン
のどの痛み	sore throat ソア スロート	眼科医	eye doctor アイ ドクター
生理用ナプキン	sanitary napkins サニタリー ナプキンズ	眼鏡屋	optician オプティッシャン

会話コーナー

A: 頭痛薬をいただけますか？

A: Can I get some medicine for a headache?
キャンナイ ゲット サム メディスン フォ ラ ヘッドエイク

B: アスピリンとタイルノールがございますが。

B: We have aspirin and Tylenol.
ウィー ハブ アスピリン アンド タイルノール

A: どちらの効き目が強いですか？

A: Which is stronger?
フィッチ イズ ストロンガー

B: タイルノールは最も強いので、こちらの方が効きますね。

B: The Tylenol is extra-strength, so it's stronger.
ザ タイルノール イズ エクストラ ストレングス ソー イッツ ストロンガー

トラブル �82 紛失

パスポートをなくした。

I have lost my passport.
アイ ハブ　ロスト　マイ　パスポート
私は 紛失してしまった　私のパスポートを

●紛失を伝える表現

この表現は「紛失した結果、今は〜がない状態だ」という意味で、物をなくして困っていることを告げる時の表現です。「〜を見つけられない」という表現も使えます。

私は	紛失してしまった	私のパスポートを
		私の財布を
	見つからない	私の身分証明書が
		私の切符が

I アイ	have lost ハブ　ロスト	my passport. マイ　パスポート
		my wallet. マイ　ウォレット
	can't find キャント　ファインド	my ID. マイ　アイディー
		my ticket. マイ　ティケット

［紛失物］に関連する語句

身分証明書	ID アイディー	包み	package パッケージ
指輪	ring リング	電車に置き忘れた	left it on the train レフト イット オン ザ トレイン
腕時計	watch ウォッチ	ホテルに置き忘れた	left it at the hotel レフト イット アット ザ ホテル
財布・バッグ	purse パース	ないことに気づく	notice it missing ノウティス イット ミッシング
ネックレス	necklace ネックレス	～の特徴を述べる	describe ___ ディスクライブ

会話コーナー

A: あっ、大変。パスポートをなくしちゃった！
B: ちょっと待って。間違いない？ ホテルに置き忘れたんじゃない？ ないって気付いたのはいつなの？
A: たった今、バッグの中を見た時だよ。

A: Oh no. I've lost my passport!
オウ ノウ アイブ ロスト マイ パスポート

B: Wait a minute. Are you sure?
ウェイタ ミニッツ アー ユー シュア
Maybe you left it at the
メイビー ユー レフト イット アット ザ
hotel? When did you notice it
ホテル ホエン ディッ ジュー ノウティス イット
missing?
ミッシング

A: Just now when I looked in my
ジャスト ナウ ホエン アイ ルック イン マイ
bag.
バッグ

財布を盗まれました。

My wallet has been stolen.
マイ ウォレット ハズ ビーン ストールン

私の財布が　盗まれた

トラブル ⑱ 盗難に遭う

●盗難の報告の表現

この表現は盗難を報告する時に使う表現です。「〜が盗まれる」という言い方と、「誰かが私の〜を盗んだ」という言い方ができます。have been stolen は、「盗まれた状態が今も続いてる」という意味です。

私の財布が	<今〜の状態だ>	盗まれた
私のバッグが	<今〜の状態だ>	
誰かが	盗んだ	私のパスポートを
		私のカメラを

My wallet マイ ウォレット	has ハズ	been stolen. ビーン ストールン
My bags マイ バッグズ	have ハブ	
Someone サムワン	stole ストール	my passport. マイ パスポート
		my camera. マイ キャメラ

[盗難]に関連する語句

現金	cash キャッシュ	スリ	pickpocket ピックポケット
貴金属	jewelry ジュウェルリー	ひったくり	purse snatcher パース スナッチャー
ラップトップ コンピュータ	laptop ラップトップ	警察署	police station ポリース ステイション
泥棒	thief シーフ	警察官	police (man) ポリース(マン)
泥棒	robber ロバー	お巡りさん (呼びかける 時に使用)	officer オフィサー

会話コーナー

A: もしもし？ フロントですか？ 1221号室の山田太郎です。部屋からお金が盗まれました。

B: 少々お待ちください。すぐに誰かを行かせます。

A: Hello? Front desk? This is Taro Yamada in Room 1221. Some money has been stolen from my room.
ハロウ フロント デスク ジス イズ タロ ヤマーダ イン ルーム トゥウェルブトゥウェンティーワン サム マニー ハズ ビーン ストールン フロム マイ ルーム

B: Just a moment, Sir. We'll send someone up right away.
ジャスタ モーメン サー ウィール センド サムワン アップ ライタ ウェイ

保険会社に盗難届けを出さなければなりません。

I have to make a theft report for my insurance company.

アイ ハフ トゥ メイカ セフト レポート
私は ～しなければならない 盗難届けをする

フォア マイ インシュアランス カンパニー
私の保険会社に

● 盗難届けなどの時に使う表現

この表現は、盗難届けなど、しなければならないことの内容を相手に伝える時に使う表現です。

私は	～しなければならない	盗難届けを出す	私の保険会社に
			警察に
		電話をする	日本大使館に
			私のクレジットカード会社に

I	have to	make a theft report	for my insurance company.
アイ	ハフ トゥ	メイカ セフト レポート	フォア マイ インシュアランス カンパニー
			to the police.
			トゥー ザ ポリース
		call	the Japanese Embassy.
		コール	ザ ジャパニーズ エンバシー
			my credit card company.
			マイ クレディット カード カンパニー

トラブル ㉔ 届けを出す

[盗難]に関連する語句

領事館	consulate カンサリット	私の保険会社に	for my insurance company フォア マイ インシュアランス カンパニー
窃盗	theft セフト	支払いをした分をもらわなかった	didn't get what I paid for ディドゥント ゲット ホワット アイ ペイド フォア
詐欺	swindle スウィンドゥル	つり銭をごまかされる	shortchanged ショートチェインジド
クレジットカードを使用停止にする	cancel my credit card キャンセル マイ クレディット カード	苦情を述べる	make a complaint メイカ コンプレイント
盗難届けを出す	make a theft report メイカ セフト レポート	支配人に話をする	talk to the manager トーク トゥ ザ マネジャー

会話コーナー

A: 保険会社に盗難届けを出さなければなりません。

A: I have to make a theft report for my insurance company.
アイ ハフ トゥ メイア セフト レポート フォア マイ インシュアランス カンパニー

B: 警察に電話をしなければならないと思いますが。

B: I think we'll have to call the police to do that.
アイ シンク ウィール ハフ トゥ コール ザ ポリース トゥ ドゥ ザット

A: それでは、警察に電話をお願いします。パスポートが盗まれたので、私は日本大使館に電話をしなければなりません。

A: Then I'd like you to call the police, please. And since my passport was stolen, I have to call the Japanese Embassy.
ゼン アイドゥ ライク ユー トゥ コール ザ ポリース プリーズ アンド シンス マイ パスポート ワズ ストールン アイ ハフ トゥ コール ザ ジャパニーズ エンバシー

日本に行ったことはありますか？

話題 ㊺ 経験の有無を尋ねる

Have you ever been to Japan?
ハブ　ユー　エバー　ビーン　トゥ ジャパン
あなたは～したことはありますか　いる　日本へ

●日本のことなど経験の有無を聞く表現

この表現は、「～したことはありますか」と、相手に経験の有無を尋ねる時に使う表現です。次ページの【語句】を、「have+ 過去分詞」の文型で入れ換え練習をしてください。

あなたは～したことはありますか		
いる	日本へ	
	外国へ	
試す	日本食を	
	郷土料理を	

Have you ever ハブ ユー エバー	been ビーン	to Japan? トゥ ジャパン
		abroad? アブロード
	tried トライド	Japanese food? ジャパニーズ　フード
		the local traditional cuisine? ザ ロウカル トラディショナル クウィジーン

［話し相手への質問］に関連する語句

日本食を試食した	tried Japanese food トライド ジャパニーズ フード	その映画を観た	seen that movie シーン ザット ムービー
蛇を試食した	tried snake トライド スネイク	そのバンドのうわさを聞いた	heard of that band ハード オブ ザット バンド
ディズニーランドへ行った	been to Disneyland ビーン トゥ ディズニイランド	それを試食した	tasted that テイスティッド ザット
タイに行った	visited Thailand ビジティッド タイランド	それを経験した	experienced that エクスペアリアンスト ザット
プロペラ機に乗った	ridden in a propeller plane リドゥン インナ プロペラ プレイン	それを試した	tried that トライド ザット

会話コーナー

A: 日本へ行ったことはありますか？
B: いいえ、ありません。でも日本については、ラストサムライのような映画を観て、ちょっと知っています。
A: 私はそれは観ていないんです。
B: すごくいい映画でしたよ。

A: Have you ever been to Japan?
ハブ ユー エバー ビーン トゥ ジャパン

B: No, I haven't, But I know
ノウ アイ ハブント バット アイ ノウ

a little about Japan from
ア リトゥル アバウト ジャパン フロム

movies like The Last Samurai.
ムービーズ ライク ザ ラスト サムライ

A: I've never seen that.
アイブ ネバー シーン ザット

B: I thought it was pretty good.
アイ ソウト イット ワズ プリティー グッド

この街では、他にどこに行きましたか？

Where else have you been in the city?

ホエア	エルス	ハブ ユー ビーン	イン ザ シティー
どこに	他に	あなたは行きましたか	この街で

●さらに質問を続ける時の表現

この表現は「その他にはどうですか」と、相手にさらに質問を続ける時に使う表現です。

どこに	他に	あなたは行きましたか	この街で
			今日
何を		あなたは試しましたか	今週
			食べること

Where ホエア	else エルス	have you been ハブ ユー ビーン	in the city? イン ザ シティー
			today? トゥデイ
What ホアット		have you tried ハブ ユー トライド	this week? ジス ウィーク
			eating? イーティング

［話し相手への質問］に関連する語句

国で(田舎で)	in the country インザ カントリー	歩く	walk ウォーク
アジアで	in Asia イン エイジャ	観て回る	tour トゥアー
買い物	shopping ショッピング	時間を過ごす	spend time スペンド タイム
観光	sightseeing サイトシーイング	その食べ物を試す	try the food トライ ザ フード
写真を撮る	take pictures テイク ピクチャーズ	やってみる	try doing トライ ドゥーイング

会話コーナー

A: この市で、他にどこへ行きましたか？

B: 昨日は、古代ローマの広場とバチカン宮殿に行きました。

A: 本当ですか？ 私は明日、そこに行くんです。

A: Where else have you been in the city?
ホエア エルス ハブ ユー ビーン イン ザ シティー

B: We went to the Forum and the Vatican yesterday.
ウィー ウェン トゥ ザ フォーラム アンド ザ バティカン イェスタデイ

A: Really? I'm going to go there tomorrow.
リアリー アイム ゴウイング トゥ ゴウ ゼア トゥモロウ

話題 87 相手の感想を聞く

食べ物はどうでしたか？

How was the food?
ハウ　ワズ　ザ　フード
どう　でしたか　食べ物は

●相手の感想を聞く時の表現

この表現は、「〜はどうだったか」と相手が体験したことについて感想を求める表現です。

どう	でしたか	食べ物は
		サービスは
	でしたか	値段は
		人込みは

How	was	the food?
		the service?
	were	the prices?
		the crowds?

［話し相手への質問］に関連する語句

景色	view ビュー	朝食	breakfast ブレックファスト
山登り	climb クライム	昼食	lunch ランチ
天気	weather ウェザー	夕食	dinner ディナー
旅行	trip トリップ	順番待ちの列	the lines ザ ラインズ
乗り物	ride ライド	（その場所の）人々	the people ザ ピープル

会話コーナー

A: 昨日、夕食を食べにそこに行きました。

A: We went there yesterday for dinner.
ウィー ウェントゥ ゼア イェスタデイ フォア ディナー

B: そうなんですか？ 食べ物はいかがでしたか？

B: Really? How was the food?
リアリー ハウ ワズ ザ フード

A: すごくいいですよ。でも、値段は本当に高かったです。

A: Great. But the prices were really high.
グレイト バット ザ プライシーズ ワー リアリー ハイ

B: どこか他のところにしようかな。

B: Maybe I'll try somewhere else.
メイビー アイル トライ サムホェア エルス

お会いできてよかったです。

It was nice meeting you.

イットワズ ナイス ミーティング ユー
それは〜でした よい 会うこと あなたに

●別れ際の表現

この表現は、知り合った人との別れ際に、会えたことを喜んでいることを伝えたい時の「決まり文句」です。

それは〜でした	よい	会うこと	あなたと
		知り合いになること	
	喜び	時を過ごすこと	あなたと一緒に
		ハイキングをすること	

It was イットワズ	nice ナイス	meeting ミーティング	you. ユー
		getting to know ゲッティング トゥ ノウ	
	a pleasure ア プレジャー	spending time スペンディング タイム	with you. ウィズ ユー
		hiking ハイキング	

[交際]に関連する語句

話すこと	talking トーキング	電車で同席すること	sharing a compartment シェアリング ア コンパートメント
夕食をとること	having dinner ハビング ディナー	旅行すること	traveling トラベリング
飲むこと	having a drink ハビング ア ドリンク	観光に行くこと	going sightseeing ゴウイング サイトシーイング
ツアーに参加すること	taking a tour テイキング ア トゥアー	写真を撮ること	taking pictures テイキング ピクチャーズ
クルージングをすること	taking a cruise テイキング ア クルーズ	一日過ごすこと	spending the day スペンディング ザ デイ

会話コーナー

A: じゃあ、お気をつけて。

B: あなたもね。お会いできてよかったです。今日はとても楽しかったです。

A: ありがとう。私もですよ。じゃあ、おやすみなさい。

A: Well, take care.
ウェル テイク ケア

B: You, too. It was nice meeting you. I had a good time today.
ユー トゥー イット ワズ ナイス ミーティング ユー アイ ハド ア グッド タイム トゥデイ

A: Thanks. Me, too. Good night.
サンクス ミー トゥー グッ ナイト

一緒に夕食を食べましょう。

Let's have dinner together.
レッツ ハブ ディナー トゥゲーザ
～しましょう 夕食を食べる 一緒に

●相手を誘う表現

この表現は、「～しましょう」と相手に誘いかけをする時の表現です。いろいろな場面で使える表現です。

～しましょう	夕食を食べる	一緒に
		ツアーの後で
	再び集まる	いつか
		クリスマスに

Let's レッツ	have dinner ハブ ディナー	together. トゥゲーザ
		after the tour. アフター ザ トゥアー
	get together again ゲット トゥゲーザ アゲイン	sometime. サムタイム
		at Christmas. アット クリスマス

［相手への誘いかけ］に関連する語句

飲みに行く	go for a drink ゴウ フォ ラ ドリンク	泳ぎに行く	go for a swim ゴウ フォ ラ スウィム
博物館に行く	go to the museum ゴウ トゥ ザ ミュージーアム	市場へ行く	go to the market ゴウ トゥ ザ マーケット
タクシーに相乗りする	share a taxi シェア ア タクシー	メールアドレスを交換する	exchange e-mail addresses エクスチェインジ イーメイル アドレシーズ
タクシーに相乗りする	split a taxi スプリット ア タクシー	電話番号を交換する	exchange phone numbers エクスチェインジ フォウン ナンバーズ
海岸へ行く	go down to the beach ゴウ ダウン トゥ ザ ビーチ	住所を交換する	exchange addresses エクスチェインジ アドレシーズ

会話コーナー

A: 今晩、一緒に夕食を食べましょう。

A: Let's have dinner together this evening.
レッツ ハブ ディナー トゥゲーザ ジス イブニング

B: いいですね。どこに行きたいですか？

B: That sounds great. Where do you want to go?
ザッツ サウンズ グレイト ホエア ドゥ ユー ウォン トゥ ゴウ

A: 市場のあの小さなところに行ってみましょう。

A: Let's try that little place in the market.
レッツ トライ ザット リトゥル プレイス イン ザ マーケット

これが私のメールアドレスです。

This is my e-mail address.
ジス　イズ　マイ　イーメイル　アドレス
これは　〜です　私のメールアドレス

話題 ⑨ 連絡先を伝える

●自分のことを伝える表現

この表現は、「これが〜です」と相手に自分の何かを教える時の表現です。

これは	〜です	私のメールアドレス
		私の自宅の住所
		私の自宅の電話番号
		私のホームページのURL

This	is	my e-mail address.
ジス	イズ	マイ　イーメイル　アドレス
		my home address.
		マイ　ホウム　アドレス
		my home phone number.
		マイ　ホウム　フォウン　ナンバ
		the URL for my website.
		ジ　ユーアールエル　フォア　マイ　ウェブサイト

[連絡先]に関連する語句

携帯電話番号	cell phone number セル フォウン ナンバ	学校の住所	address at school アドレス アット スクール
勤務先電話番号	work phone number ワーク フォウン ナンバ	ブログ	blog ブログ
勤務先電話番号	office phone number オフィス フォウン ナンバ	写真付きブログ	photo blog フォト ブログ
ホテルの部屋番号	hotel room number ホテル ルーム ナンバ	携帯電話	mobile phone モウバイル フォウン
日本の住所	address in Japan アドレス イン ジャパン	メール	webmail ウェブメイル

会話コーナー

A: これが私のメールアドレスです。

A: This is my e-mail address.
ジズ イズ マイ イーメイル アドレス

B: まあ、ありがとう。私のメールアドレスとブログのURLはこれです。

B: Oh, thank you. And here's my
オウ サンキュ アンド ヒアーズ マイ

e-mail address and the URL
イーメイル アドレス アンド ザ ユーアールエル

for my blog.
フォア マイ ブログ

A: よかった。連絡を取り合いましょうね。お会いできて、本当によかったです。

A: Great. Let's keep in touch.
グレイト レッツ キープ イン タッチ

It was great meeting you.
イット ワズ グレイト ミーティング ユー

国名・国籍・貨幣単位

国名	国名	国籍	貨幣単位
オーストラリア	Australia オウストレィリア	Australian オウストレィリアン	Dollar (AUD) ダラ
オーストリア	Austria オウストリア	Austrian オウストリアン	Euro (EUR) ユーロ
ベルギー	Belgium ベルジャム	Belgian ベルジャン	Euro (EUR) ユーロ
ブラジル	Brazil ブラジル	Brazilian ブラジリアン	Real (BRL) リーアル
カナダ	Canada キャナダ	Canadian キャネィディアン	Dollar (CAD) ダラ
中国	China チャイナ	Chinese チャイニーズ	Yuan (CNY) ユーアン
デンマーク	Denmark デンマーク	Danish デイニッシュ	Krone (DKK) クロウナ
エジプト	Egypt イージプト	Egyptian イジプシャン	Pound (EGP) パウンド
フィジー	Fiji フィジー	Fijian フィージアン	Dollar (FJD) ダラ
フィンランド	Finland フィンランド	Finnish フィニッシュ	Euro (EUR) ユーロ

国名	国名	国籍	貨幣単位
フランス	France フランス	French フレンチ	Euro (EUR) ユーロ
ドイツ	Germany ジャーマニー	German ジャーマン	Euro (EUR) ユーロ
ギリシャ	Greece グリース	Greek グリーク	Euro (EUR) ユーロ
インド	India インディア	Indian インディアン	Rupee (INR) ルーピー
インドネシア	Indonesia インドニージャ	Indonesian インドニージャン	Rupiah (IDR) ルーピーア
アイルランド	Ireland アイルランド	Irish アイリッシュ	Euro (EUR) ユーロ
イタリア	Italy イタリー	Italian イタリアン	Euro (EUR) ユーロ
ジャイマイカ	Jamaica ジャメイカ	Jamaican ジャメイカン	Dollar (JMD) ダラ
韓国	Korea (Republic) コリア　リパブリック	Korean コリアン	Won (KRW) ウォン
ラオス	Laos ラウス	Laotian/Lao ラウシャン　ラウ	Kip (LAK) キプ
マレーシア	Malaysia マレイジャ	Malaysian マレイジャン	Ringgit (MYR) リンガット

国名	国名	国籍	貨幣単位
メキシコ	Mexico メキシコ	Mexican メキシカン	Nuevo Peso (MXN) ヌエイボ ペイソ
オランダ	Netherlands ネザランズ	Dutch ダッチ	Euro (EUR) ユーロ
ニュージーランド	New Zealand ニュー ジーランド	New Zealand(er) ニュージーランダ	Dollar (NZD) ダラ
ノルウェー	Norway ノアウェイ	Norwegian ノアウェイジャン	Krone (NOK) クロウナ
パキスタン	Pakistan パキスタン	Pakistani パキスターニ	Rupee (PKR) ルーピー
フィリピン	Philippines フィラピーンズ	Philippine フィラピーン	Peso (PHP) ペイソ
ポルトガル	Portugal ポーチャガル	Portuguese ポーチャギーズ	Euro (EUR) ユーロ
ロシア連邦	Russian Federation ラッシャン フェデレイション	Russian ラッシャン	Ruble (RUR) ルーブル
シンガポール	Singapore シンガポー	Singaporean シンガポーリアン	Dollar (SGD) ダラ
スペイン	Spain スペイン	Spanish スパニッシュ	Euro (EUR) ユーロ
スウェーデン	Sweden スウィーデン	Swedish スウィーディッシュ	Krona (SEK) クロウナ

国名	国名	国籍	貨幣単位
スイス	Switzerland スウィッツァランド	Swiss スウィス	Franc (CHF) フラン
台湾	Taiwan タイワーン	Taiwanese タイワニーズ	Dollar (TWD) ダラ
タイ	Thailand タイランド	Thai タイ	Baht (THB) バーツ
トルコ	Turkey ターキー	Turkish ターキッシュ	Lire (TRL) リーラ
連合王国（イギリス）	United Kingdom ユナイティッド キングダム	British ブリティッシュ	Pound (GBP) パウンド
イギリス	England イングランド	English イングリッシュ	Pound (GBP) パウンド
スコットランド	Scotland スコットランド	Scottish スカティッシュ	Pound (GBP) パウンド
ウェールズ	Wales ウェイルズ	Welsh ウェルシュ	Pound (GBP) パウンド
アメリカ合衆国	United States of America ユナイティッド ステイツ オブ アメリカ	American アメリカン	Dollar (USD) ダラ
ベトナム	Vietnam ヴェトナーム	Vietnamese ヴェトナミーズ	Dong (VND) ドン

INDEX

あ

日本語	English	カナ	ページ
(タクシーの) 相乗り	shared	シェアード	109
空き	space	スペイス	39
明日	tomorrow	トゥモロウ	37
(荷物を) 預ける	check (in)	チェック	45
雨	rain	レイン	71
歩く	walk	ウォーク	207
アルコール分のない飲料	soft drinks	ソフト ドリンクス	63
(〜の) アレルギーだ	have a ___ allergy	ハブ ア __ アラジー	195
安価なホテル	budget hotel	バジェット ホテル	119
安全な	safe	セイフ	117
案内所	visitor center	ビジター センタ	155
胃が痛い	have a stomachache	ハブ ア スタマックエイク	195
行き先	destination	デスティネイション	105
急ぐ	hurry up	ハリー アップ	49
痛み止め	aspirin	アスピリン	61
入り口	entrance	エントランス	157, 175
(ホテルの) 受付	front desk	フロント デスク	129
(〜の) 後ろに	behind ___	ビハインド	141
売る	sell	セル	95
売り物	for sale	フォア セイル	187
上着	jacket	ジャケット	187
運転手	driver	ドライバー	107
エアコン	air conditioner	エアコンディショナー	117
映画	movie / film	ムービー / フィルム	139, 157, 163
営業中	open now	オープン ナウ	173
エコノミークラス	economy class	エコノミー クラス	43
エスカレーター	escalator	エスカレイタ	163
絵はがき	postcard	ポウストカード	43
エレベーター	elevator	エレベイタ	163
遠距離の	long distance	ロング ディスタンス	139
円建てで	in yen	イン イェン	91
往復	round-trip / return	ラウンド トリップ / リターン	37, 115
おかわり	refill	レフィル	185
(〜にそれを) 送る	send it on to ___	センド イット オン トゥ	87
押す	push	プッシュ	65, 107
おつり	change	チェインジ	109
大人	adult	アダルト	153

220

日本語	英語	カナ	ページ
お巡りさん（呼びかけ）	officer	オフィサー	201
おみやげ品	souvenir	スーベニア	43
お湯	the hot water	ザ ホット ウォータ	133
折りたたみベッド	pull-out bed	プルアウト ベッド	121
降りる	step down	ステップ ダウン	107
オレンジジュース	orange juice	オウレンジ ジュース	63
降ろす	drop off	ドロップ オフ	147

か

日本語	英語	カナ	ページ
カードで支払う	pay by credit card	ペイ バイ クレディット カード	191
階	floor / level	フロア / レベル	43
開演	curtain rise	カーテン ライズ	169
開館時間	opening time	オープニング タイム	161
会議場	the convention center	ザ コンベンション センタ	101
開始時間	starting time	スターティング タイム	161
開場	doors open	ドアーズ オープン	169
（タクシーの）回送中	Not in Service	ノット イン サービス	143
買い物	shopping	ショッピング	207
買う	buy	バイ	95
鍵	key / lock	キー / ロック	55, 137
各駅停車（列車）	local train	ロウカル トレイン	103
確認済み	confirmed	コンファームド	129
片道	one-way / single	ワン ウェイ / シングル	37, 115
カフェ	café	カフェイ	53
軽い	light	ライト	179
川	river	リバー	117, 123
皮革	leather	レザー	85
簡易食堂	buffet	バフェイ	173
眼科医	eye doctor	アイ ドクター	197
観光	sightseeing	サイトシーイング	207
キオスク	kiosk / newsstand	キーアスク / ニューズスタンド	105
貴金属	jewelry	ジュウェルリー	201
喫煙	smoking	スモウキング	123
喫煙コーナー	smoking section	スモウキング セクション	175
切符売り場	ticket office	ティケット オフィス	161
機内雑誌	in-flight magazine	インフライト マガジーン	59
機内電話	in-flight telephone	インフライト テレフォウン	65
機内泊便	overnight flight	オーバーナイト フライト	37
機内持ち込み荷物	carry-on bag	キャリーオン バッグ	45

日本語	英語	ページ
（用紙に）記入する	fill in (a form) フィル イン（ア フォーム）	83
客室乗務員	flight attendant フライト アテンダント	59
客室乗務員呼び出しボタン	flight attendant call button フライト アテンダント コール ボタン	65
キャンセル待ち	standby スタンバイ	39
救急車を呼ぶ	call an ambulance コール アン アンビュランス	197
急行列車	express train エクスプレス トレイン	115
休日	holiday ホリデイ	161
救命胴衣	life vest ライフ ベスト	59
今日	today トゥデイ	39
郷土料理	local food ロウカル フッド	173
今日のメニュー	today's menu トゥデイズ メニュー	67
強風	strong wind / windy ストロング ウィンドゥ / ウィンディ	71
霧	fog フォグ	71
霧雨	drizzle ドゥリズル	71
亀裂	gash ガッシュ	83
均一料金	flat rate フラット レイト	111
金庫	safety deposit box セイフティー ディポジット ボックス	131
禁止	prohibited/not allowed プロヒビッティド / ノット アラウド	159
勤務先電話番号	work/office phone number ワーク / オフィス フォウン ナンバ	215
空席	empty seat エンプティ シーツ	59
クーポン	coupon キューポン	129
苦情を述べる	make a complaint メイク ア コンプレイント	203
曇り	cloudy クラウディー	71
クリーニングサービス	dry cleaning service ドライ クリーニング サービス	133
クレジットカードを使用停止にする	cancel my credit card キャンセル マイ クレジット カード	203
クレジット支払い	pay by credit card ペイ バイ クレジット カード	185
警察官	police (man) ポリース（マン）	201
警察署	police station ポリース ステイション	201
携帯電話	mobile / cell phone モウビル / セル フォウン	215
携帯電話貸出所	cell phone rental shop セル フォウン レンタル ショップ	89
携帯電話番号	cell phone number セル フォウン ナンバ	215
ゲート開 / 閉	gate open / close ゲイト オープン / クロウズ	51
景色	view ビュー	209
下痢をする	have diarrhea ハブ ダイアリア	195
券	ticket ティケット	111

日本語	English	カタカナ	ページ
現金	cash	キャッシュ	79, 93, 201
現金引換券	cash voucher	キャッシュ バウチャー	87
券売機	ticket machine	ティケット マシーン	105
硬貨	coin	コイン	95
高額紙幣	large bill	ラージ ビル	95, 113
航空会社カウンター	airline desk	エアライン デスク	83
航空会社	airline / carrier	エアライン / キャリアー	41, 81
広告	ad / advertisement	アド / アドバタイズメント	145
広告ビラ	flyer	フライア	145
降車時払い	pay later	ペイ レイター	105
香辛料が強すぎない	not too spicy	ノット トゥー スパイシー	179
香水	perfume	パヒューム	187
紅茶 / 緑茶	black tea / green tea	ブラック ティー / グリーン ティー	63
高齢者用	for seniors	フォア シニアーズ	157
コーヒーおかわり	some more coffee	サム モア コーフィ	177
コーヒー（紅茶）を入れる	make coffee / tea	メイク コーフィ / ティー	133
国際線	international	インタナショナル	43, 75
国際電話	international call	インタナショナル コール	133
国内線	domestic	ドゥメスティック	43, 75
国内便	local flight	ローカル フライト	75
午後	in the afternoon	イン ジ アフタヌーン	161
ここで降ります	let me out here	レット ミー アウト ヒア	113
午後のツアー	afternoon tour	アフタヌーン トゥアー	153
小銭	small change	スモール チェインジ	95
午前中	in the morning	イン ザ モーニング	161
午前のツアー	morning tour	モーニング トゥアー	153
子供たち	kids	キッズ	171
個別に包装する	wrap them separately	ラップ ゼム セパレットリー	191

さ

日本語	English	カタカナ	ページ
サービス料	service charge	サービス チャージ	125, 139, 185
最終公演	the last show	ザ ラスト ショウ	169
菜食主義の	vegetarian	ベジタリアン	173
財布	wallet	ウォレット	187
財布・バッグ	purse	パース	199
詐欺	swindle	スウィンドゥル	203
座席のポケット	seat pocket	シート ポケット	59
座席番号	seat number	シート ナンバ	57
座席予約	seat reservation	シート レザベイション	47

223

日本語	英語	カタカナ	ページ
砂糖 / クリーム	sugar / cream	シュガー / クリーム	63
触る	touch	タッチ	191
歯科医	dentist	デンティスト	197
時間を過ごす	spend time	スペンド タイム	207
仕切り客室	compartment	コンパートメント	115
仕切り席	booth	ブース	175
時刻表	timetable	タイムテーブル	103, 115
自宅住所	home address	ホウム アドレス	87
自宅電話番号	home (phone) number	ホウム (フォウン) ナンバ	87
(〜を) 試着する	try ___ on	トライ __ オン	191
自動現金預入払出機	ATM	エイティーエム	89
自動販売機	vending machine / autovendor ベンディング マシーン / オウトベンダー		105
市内 / 地域地図	city / area map	シティ / エアリア マップ	97
紙幣	note	ノウト (英)	95
蛇口	faucet	フォーセット	137
写真を撮る	take pictures	テイク ピクチャーズ	207, 211
シャトルバス	shuttle bus	シャトル バス	53
シャワー	shower	シャウア	137
終演	curtain fall	カーテン フォール	169
渋滞	traffic jam	トラフィック ジャム	111
渋滞中	congested	コンジェスティッド	111
週末	on weekend	オン ウィークエンド	157
終了	finish	フィニッシュ	149
宿泊を延長する	extend my stay	エクステンド マイ ステイ	131
宿泊場所	accommodations	アコモデイションズ	73
主菜	main course / entree	メイン コウス / アーントレイ	181
出発	departure	ディパーチャ	43
出発する	depart	ディパート	69, 101
準急	semi-express	セミエクスプレス	103
小額紙幣	small bill	スモール ビル	95
乗車時払い	pay now	ペイ ナウ	105
商品見本	business sample	ビジネス サンプル	55
食事	meal	ミール	165
食前酒	aperitif	アペラティーフ	181
食欲がない	have no appetite	ハブ ノー アペタイト	195
所持品	personal effect / items パーソナル イフェクト / アイテムズ		55, 87

224

日本語	English	ページ
所持品事故届け	Property Irregularity Report プロパティー イレギュラリティ レポート	83
所要時間	duration デュレイション	145
シングルベッドの部屋	single (room) シングル（ルーム）	121
心臓が痛い	have chest pains ハブ チェスト ペインズ	195
寝台	sleeping berth スリーピング バース	115
新聞	paper ペイパ	63
診療所	clinic クリニック	197
スイートルーム	suite スウィート	123
スカート	skirt スカート	187
ズボン	pants / trousers パンツ／トゥラウザーズ	187
スリ	pickpocket ピックポケット	201
（〜に）鋭い痛みがある	have a sharp pain in my ___ ハブ ア シャープ ペイン イン マイ	195
税加算	plus tax プラス タックス	125
請求書	check / bill チェック／ビル	185
税金	tax タックス	139, 147
清潔な	clean クリーン	119
税込価格	include tax in the price インクルード タックス イン ザ プライス	191
生理用ナプキン	sanitary napkin サニタリー ナプキン	197
セーター	sweater スウェイター	187
セール中	on sale オン セイル	187
セキュリティー検査	check by hand チェックバイハンド	45
席に着く	take a seat テイク ア シート	51
接続	connection コネクション	39, 75
接続便	connecting flight コネクティング フライト	75
接待係	concierge コンシエージ	135
窃盗	theft セフト	203
絶滅の危機にある動物	endangered animal エンデインジャード アニマル	79
背もたれを倒す	recline one's seat リクライン ワンズ シート	61
前菜	appetizer / starter アペタイザー／スターター	181
洗面台	sink シンク	137
送迎用小型バス	limousine リムジン	99
早朝便	early morning flight アーリー モーニン フライト	37

た

ターミナル	terminal ターミナル	41
滞在先住所	local address ロウカル アドレス	81, 87

日本語	English	カタカナ	ページ
滞在先電話番号	local (phone) number	ロウカル（フォウン）ナンバ	87
台所	kitchen / kitchenette	キッチン / キッチネット	121
高すぎる	too expensive	トゥー エクスペンシブ	187
タクシー	cab / taxi	キャブ / タクシー	109
タクシー乗り場	taxi stand	タクシー スタンド	109
ダブルベッドの部屋	double (room)	ダブル（ルーム）	121
炭酸水	sparkling water	スパークリング ウォータ	63
小さい	small	スモール	85
チェックイン時間	check-in time	チェックイン タイム	129
遅延	delay	デレイ	51
（〜の）近く	near __	ニア	89
地下鉄駅	the subway station	ザ サブウェイ ステイション	99
チップ	gratuity	グラチューアティ	185
地方税	local tax	ロウカル タックス	127
中央ホール(コンコース)	concourse	コンコース	41
駐車場	parking area	パーキング エアリア	155
昼食	lunch	ランチ	127, 147, 209
注文する	order	オーダー	133
朝食	breakfast	ブレックファスト	209
朝食付き	with/including breakfast	ウィズ / インクルーディング ブレックファスト	117, 123
朝食付き宿泊施設	Bed and Breakfast (B&B)	ベッド アンド ブレックファスト（ビーアンドビー）	77
直進する	go straight	ゴウ ストレイト	113
ちょっと待ってください	Just a second	ジャス タ セコンド	57
ツアーに参加すること	taking a tour	テイキング ア トゥアー	211
追加の毛布	extra blanket	エクストラ ブランケット	61
追加料金	extra charge/surcharge	エクストラチャージ / サーチャージ	49
ツインベッドの部屋	twin (room)	トゥウィン（ルーム）	121, 123
通過する（終える）	get through	ゲッ スルー	41
通勤電車	commuter train	コミューター トレイン	103
通常運行	regular service	レギュラー サービス	143
通路	aisle	アイル	57
通路側席	aisle seat	アイル シート	57
頭上の収納スペース	overhead bins	オーバーヘッド ビンズ	57
つり銭をごまかされる	shortchanged	ショートチェインジド	203
定刻	on schedule	オン スケジュール	51
ディナーショー	dinner show	ディナー ショウ	173

日本語	英語	ページ
手押し車	cart　カート	81
手ごろな（値段）	reasonable　リーゾナブル	187
デザートメニュー	dessert menu　ディザート メニュ	183
手数料	commission / handling charge　コミッション / ハンドリング チャージ	93
手荷物検査	baggage inspection　バゲッジ インスペクション	45
天気	weather　ウェザー	209
電源を入れる	turn on　ターン オン	65
電源を切る	turn off　ターン オフ	65
電子機器	electronic device　イレクトロニック デバイス	55
伝統的な	traditional　トラディッショナル	117
電話	phone　フォウン	137
電話代	phone charge　フォウン チャージ	139
電話をかける	make a call　メイク ア コール	133
トイレ	lavatory / restroom / toilet　ラバトリー / レストルーム / トイレット	47, 89, 121, 137, 155
搭乗開始	boarding commence　ボーディング コメンス	51
搭乗口	boarding gate　ボーディング ゲイト	41, 51
搭乗券	boarding pass　ボーディング パス	57
（〜に）到着する	arrive at ___　アライブ アット	149
到着	arrival / reach　アライバル / リーチ	43, 53
盗難届けを出す	make a theft report　メイク ア セフト レポート	203
（〜の）特徴を述べる	describe ___　ディスクライブ	199
途中下車	stopover　ストップオーバー	75
取っ手	handle　ハンドル	83
届ける	deliver　ディリバ	189
（〜の）隣に	next to ___　ネックス トゥー	141
ドライヤー	hair dryer　ヘア ドライアー	133
ドラッグストア	drugstore / chemist　ドラッグストア / ケミスト	141
トラベラーズチェック	traveller's cheque（英）　トラベラーズ チェック	91, 185
トランク	trunk　トランク	113
（〜を）取り置きしてもらう	hold ___ for me　ホウルド ___ フォア ミー	191
ドル建てで	in dollars　イン ダラーズ	91
泥棒	thief / robber　シーフ / ロバー	201

な

日本語	英語	ページ
（〜が）ないことに気づく	notice ___ missing　ノウティス ___ ミッシング	199
内部	inside　インサイド	159

227

日本語	英語	カタカナ	ページ
生ビール一杯	a draft beer	ア ドラフト ビア	177
何日間？	How long?	ハウ ロング	77
(〜に) 鈍い痛みがある	have a dull pain in my ___	ハブ ア ダル ペイン イン マイ	195
日本語のニュース	news in Japanese	ニューズ イン ジャパニーズ	67
日本食を試食する	try Japanese food	トライ ジャパニーズ フード	205
日本の住所	address in Japan	アドレス イン ジャパン	215
日本へ送る	ship to Japan	シップ トゥ ジャパン	189
荷物	luggage	ラゲッジ	199
荷物預かり証	baggage claim check	バゲッジ クレイム チェック	47
荷物代	baggage charge	バゲッジ チャージ	111
荷物を引き取る	claim luggage	クレイム ラゲッジ	75
入場無料	admission free	アドミッション フリー	151
にわか雪	flurry	フラリー	71
布	cloth	クロス	85
濡れている	wet	ウェット	83
値段	value	バリュー	79
のどが痛い	have a sore throat	ハブ ア ソア スロート	195
飲みに行く	go for a drink	ゴウ フォラ ドリンク	213
飲み物無料	free soft drink	フリー ソフト ドリンク	171
飲み物を買う	get something to drink	ゲット サムシング トゥ ドリンク	155
(〜に) 乗り換える	change / transfer to___	チェインジ/トランスファー トゥー	143
乗り継ぎ切符	transfer (ticket)	トランスファー (ティケット)	105
乗り継ぎ/通過中	in transit	イン トランジット	75
乗る	get on / ride	ゲット オン/ライド	143

は

日本語	英語	カタカナ	ページ
バー/カウンター	bar	バー	53, 135
バイキング料理の並んだテーブル	buffet table	バフェイ テイブル	175
売店	gift shop	ギフト ショップ	135
はがき	postcard	ポウストカード	157, 163
吐き気がする	feel nauseous	フィール ノーシャス	195
博物館に行く	go to the museum	ゴウ トゥ ザ ミュージーアム	213
箸	some chopsticks	サム チョップスティックス	183
初めての訪問	first visit	ファースト ビジット	73
バス/電車時刻表	bus / train schedule	バス/トレイン スケジュール	97
バス停	the bus stop/station	ザ バス ストップ/ステイション	99, 103

228

罰金	penalty ペナルティー	49
鼻がでる	have a runny nose ハブ ア ラニー ノウズ	195
ハンドバッグ	handbag ハンドバッグ	45
パンのおかわり	some more bread サム モア ブレッド	183
パンフレット	pamphlet / brochure パンフレット / ブロウシュア	97, 155
引き手	pull handle プル ハンドル	85
引く	pull プル	107
非常口	emergency exit エマージェンシィ イグジット	59
左	left レフト	113
左側 / 右側	on your left / right オン ユア レフト / ライト	141
ひったくり	purse snatcher パース スナッチャー	201
ビデオ	video cassette ビディオウ カセット	163
一人当たり	per person パー パーソン	125
一人で	by myself / alone バイ マイセルフ / アローン	73
ビニール	vinyl バイナル	85
ビュッフェ	buffet バフェイ	135
開く	open オープン	65
広場	square スクエア	99
ファックスで	by fax バイ ファックス	129
袋を余分にもらう	give me some extra bags ギブ ミー サム エクストラ バッグズ	191
二皿目	second meal セカンド ミール	171
船旅	boat trip ボウト トリップ	147
フライトナンバー	flight number フライト ナンバ	81
フラッシュをたく	use a flash ユーズ ア フラッシュ	159
ヘッドホン	headphone / headset ヘッドホン / ヘッドセット	59, 163
ベビーベッド	cot コット	121
ベルボーイ	bell staff (bellboy) ベル スタッフ（ベルボーイ）	131
ボタンを押す	push a button プッシュ ア ボタン	105
ホテル税	hotel tax ホテル タックス	127
(〜を) ホテルに置き忘れた	left___ at the hotel レフト ＿ アット ザ ホテル	199
ホテルの部屋番号	hotel room number ホテル ルーム ナンバ	215
本曇り	overcast オーバーキャスト	71
本日のレート	Today's Rates トゥデイズ レイツ	93
本屋	bookstore ブックストア	53

ま

| マイクロバス | minibus ミニバス | 99 |
| 毎日 | daily デイリー | 161 |

日本語	英語	カタカナ	ページ
前払い	pre-paid	プリペイド	109
曲がる	turn	ターン	113
枕	pillow	ピロウ	61
〜まで有効	valid until ___	バリッド アンティル	171
窓	window	ウィンドウ	137
間に合う	in time	イン タイム	39
右	right	ライト	113
水	some water	サム ウォータ	61
湖	lake	レイク	123
ミニバー	minibar	ミニバー	123
ミネラルウオータ	mineral water	ミネラル ウォータ	63
身分証明書	identification (ID)	アイデンティフィケイション（アイディー）	93, 109, 199
耳の痛み	earache	イアエイク	197
みやげ品	souvenir	スーベニア	163
明後日	the day after tomorrow	ザ デイ アフタ トゥモロウ	37
見る	see	シー	191
無料の	complimentary	コンプリメンタリー	151
メール	webmail	ウェブメイル	215
メールアドレスを交換する	exchange e-mail addresses	エクスチェインジ イーメイル アドレシーズ	213
眼鏡屋	optician	オプティッシャン	197
免税品	duty-free item	デューティー フリー アイテム	67
目的	purpose	パーパス	73
目的地	destination	デスティネイション	81
持ち帰り	take away	テイク アウェイ（英）	177

や

日本語	英語	カタカナ	ページ
夜間便	late flight	レイト フライト	37
夜行列車	overnight train	オーバーナイト トレイン	115
野菜	vegetables	ベジタブルズ	79
安い	cheap	チープ	173
安くしてもらう	give me a better price	ギブ ミー ア ベター プライス	191
夕方	in the evening	イン ジ イブニング	161
夕食	dinner	ディナー	127, 209
夕食をとる	have dinner	ハブ ディナー	211
優先搭乗	pre-boarding	プリボーディング	51
郵便局	post office	ポウスト オフィス	141
ユーロ建てで	in Euros	イン ユーロズ	91

日本語	英語	読み	ページ
雪	snow	スノウ	71
指輪	ring	リング	199
幼児	infant	インファント	153
浴槽	bathtub	バスタブ	137
汚れ	stain	ステイン	83
予定通り	on schedule / time	オン スケジュール / タイム	69
予定より遅く	behind schedule	ビハインド スケジュール	69
予定より早く	ahead of schedule	アヘッド オブ スケジュール	69
予約	reservation	レザベイション	145
予約可能な便	available flight	アベイラブル フライト	39
予約する	book	ブック	129
予約無しで入れる	walk-in	ウォークイン	197
予約変更をする	change my reservation	チェインジ マイ レザベイション	131
より早い便	earlier flight	アーリアー フライト	37

ら

日本語	英語	読み	ページ
来月	next month	ネクスト マンス	37
リュック	backpack	バックパック	45, 55
両替所	Bureau de Change / Currency Exchange ピュアロウ ダ チェインジ / カレンシー エクスチェインジ Foreign Exchange	フォーリン エクスチェインジ	93
料金メーター	meter	ミーター	111
料金メーターを入れる	turn on the meter	ターン オン ザ ミーター	111
領事館	consulate	カンサリット	203
領収書	receipt	レシート	139
旅行	trip	トリップ	101, 209
旅行会社	tour company	ツアー カンパニー	87
旅程	itinerary	アイティナラリー	151
ルームサービス	room service	ルーム サービス	123, 133
冷蔵庫	fridge	フリッジ	121
レンタカー営業所	car rental office	カー レンタル オフィス	89
連絡先電話番号	contact number	コンタクト ナンバ	81
路線図	route map	ルート マップ	103
ロッカー	locker	ロッカー	155
ロビー	lobby	ロビー	53, 131
路面電車	trolley	トラーリ	101

わ

日本語	英語	読み	ページ
割引クーポン	discount coupon	ディスカウント キューポン	97
割引券	discount ticket	ディスカウント ティケット	165

■著者紹介

Marcel Van Amelsvoort（マルセル・ヴァン・アメルズフォート）
カナダ出身。在日 20 年。神奈川県立外語短期大学教授。

前田道代（まえだみちよ）
津田塾大学大学院博士前期課程修了。神奈川県立外語短期大学教授。

- Voice: Marcel Van Amelsvoort + Kay Husky + Naoki Katsuta
- Jacket design: Shino Maekawa
- DTP: Harumi Takahara

スーパー・ビジュアル
すぐに使えるトラベル英会話

2006 年 7 月 20 日　初版第 1 刷発行　　2007 年 3 月 20 日　第 2 刷発行
著　者： Marcel Van Amelsvoort + 前田道代　2006　©
発行者：　片岡　研
印刷所：　(株) シナノ
発行所：　(株) ユニコム　UNICOM Inc.
　　　　　Tel.(03)5496-7650　FAX.(03)5496-9680
　　　　　〒 153-0064　東京都目黒区下目黒 1-2-22-1004
　　　　　ホームページ：http://www.unicom-lra.co.jp

ISBN978-4-89689-456-1　　　　　　　　　　許可なしに転載・複製することを禁じます。